관점을
파는
일

© 차우진 2025
이 책은 저작권법에 의하여 한국 내에서 보호를 받는 저작물이므로
무단전재와 복제를 금합니다. 이 책 내용의 전부 또는 일부를 이용하려면
저작권자와 도서출판 유유의 동의를 얻어야 합니다.

관점을
파는 일

콘텐츠로
먹고사는
이들을 위한
지속 가능한
뉴스레터
탐구

차우진
지음

추천하는 말

차우진 씨가 운영하는 뉴스레터가 점점 잘 되고 있다는 이야기를 듣고, 자문을 구한 적이 있다. "나도 뉴스레터를 해 볼까 하는데……"라는 말을 꺼냈다가 전화로 긴 시간 동안 고문을 당했다. "잘 생각했다" "늦지 않았다"와 같은 충고부터 "어떤 뉴스레터를 하고 싶어요?" "AI가 얼마나 중요한지는 알고 있고?" "미래의 미디어란 어떤 모습이냐면……"과 같은 전망과 비전에 이르기까지 너무 많은 이야기를 듣는 바람에 지쳐서 결국 뉴스레터 운영을 포기하고 말았다. 차우진 씨의 '활력'과 '구라'를 얕잡아본 내 불찰이다. 『관점을 파는 일』을 다 읽고 한숨을 쉬었다. 이런 책을 낼 거였으면 미리 얘기를 해 주지. 필요한 게 여기 다 들어 있었네. 다 읽고 나니 뉴스레터의 꿈이 되살아났다. 혹시 뉴스레터에 대한 궁금증이 생기더라도 차우진 씨에게 묻지 말고 이 책을 읽길 바란다. 때로는 듣는 것보다 읽는 게 더 좋다. 조용히 앉아서 『관점을 파는 일』 속의 글과 대화를 나누다 보면 '나의 관점'에 대해 깨닫게 될 것이다. 그러다 문득 미래의 내가 어떤 모습일지 상상하면서 나와의 대화를 시작하게 될 것이다.

+ 김중혁 (소설가)

　　차우진은 뉴스레터를 필두로 한 디지털 텍스트 분야에서 최전선에 서 있는 사람이다. 아니, 평론가에서 시작해 뉴스레터 발행인이자 1인 미디어 사업자가 되었으니, 디지털 시대에 맞는 형태로 거듭 진화하고 있는 인물이라고 말하는 것이 어쩌면 더 적합할지 모른다. 이 진화의 과정은 고난의 연속이다. 뉴스레터로 비즈니스를 구축해 본 사람들은 알 테지만, 결코 쉬운 일이 아니니까. 뉴스레터는 화려함과는 거리가 멀지만, 읽는 사람의 기준은 아주 높기 때문이다. 뉴스레터로 살아남는다는 것은 매주 보내는 글로 도도한 독자들을 만족시키는 동시에 이 독자들이 계속해서 기꺼이 돈을 내게끔 하려면 어떻게 해야 하는지를 끊임없이 고민해야 한다는 것을 의미한다.

그런 의미에서 이 책에 담긴 저자의 경험은 소중하다. 뉴스레터에 관해 먼저 깊이 고민하고 유지할 수 있는 방법을 쉼 없이 강구했기 때문이다. 물론 그의 이야기가 100퍼센트 완벽한 이야기는 아니지만, 세상에 그런 게 어디 있겠나. 하지만 비슷한 시기에 뉴스레터를 시작한 입장에서, 그의 이야기는 100퍼센트 현실적이다. 부디 이 책을 통해 뉴스레터로 손쉽게 월 천만 원 버는, 달콤한 상상 대신 현실을 마주해 하고 싶은 일을 계속할 수 있는 실질적인 지속 가능성을 얻어 가기를 바란다.

十 윤성원(뉴스레터 '프로젝트 썸원' 발행인)

들어가는 말
돈돈거리는 이야기 혹은 좋아하는 일로
먹고사는 이야기

뉴스레터의 글쓰기 창을 연다. '작성 중인 글'의 목록에는 아직 완성되지 않은 글이 30개 정도 있다. 써야 할 주제가 생각날 때마다 메모처럼 남겨 둔 글이다. 하지만 정작 뉴스레터를 보낼 때에는 완전히 새로운 주제로 글을 쓴다. '당장' 써야 할 글은 또 달라지기 때문이다. 나는 최근 몇 년 동안 거의 매일 이런 일을 반복하고 있다. 지난 25년 동안 '음악평론가'나 '칼럼니스트'로 불렸지만, 지금 나는 '뉴스레터 발행인'이자 '1인 미디어 사업가'다.

2020년 3월부터 뉴스레터를 발행했으니 올해로 5년째. 처음 시작할 때부터 적어도 10년은 해 보자고 생각했다. '좋아하는 일을 계속 하고 싶다'는 단순한 이유에서였다. 글 쓰는 일을 좋아하니까 계속 쓸 수 있는 환경을 만들자고 생각해 시작한 이 일을 하면서, 점점 내 생각을 남들에게 전하는 데 그치지 않고, 글을 읽는 이에게 실제로 도움이 되길 바라는 쪽으로 마음이 바뀌었다. 그러자 지난 5년 동안 뉴스레터의 주제나 형식도 여러 번 달라졌다.

구독자는 '이제 겨우' 7천 명을 넘었다. 눈에 띄는 유튜브나 틱톡 채널의 구독자가 보통 만 명, 10만 명인 것에 비하면 아주 귀엽게 보일지 모르겠다. 뉴스레터는 확실히 '빨리 시도해서 빨리 성장하는' 요즘 트렌드와 거리가 멀다. 하지만 꾸준히 썼다. 심지어 많이 썼다.

지난 5년 동안 매주 2만 자 이상의 글을 2회 이상 보냈다. 내 뉴스레터의 내용이 어렵다는 피드백도 종종 받았다. 대중적이지 않다는 의견도 있었다. 하지만 포기하거나 타협하지 않았다. 특별한 뜻이 있어서라기보다는 그저 내가 할 줄 아는 게 이것뿐이라서 그랬던 것 같다. 그렇게 5년간 뉴스레터를 600회 이상 발행했다. 이 숫자는 계속 늘어날 거고, 5년 뒤에는 아마도 천 회를 넘길 것이다. 가끔 감당하지 못할 일을 시작했다는 생각도 든다.

"좋아하는 일? 잘하는 일? 그런 거 말고 잘되는 일을 하세요!"

이제까지 이런 얘기를 자주 들었다. 세상 이치에 밝은 사람들, 일찌감치 사업으로 성공한 사람들…… 많은 사람이 '잘되는 일'을 하는 걸 사업의 핵심으로 꼽는다. 나도 100퍼센트 동의한다. '잘되는 일'이란 사람들이 원하고, 그래서 시장성도 있고 확장성도 있고 성장도 할 수 있는 일이니까. 그런데 사람 마음은 그렇게 쉽게 정리되지 않는다. 잘되는 일을 알아보는 안목 역시 아무나 가질 수 없는 특별한 재능이다. 나를 포함한 대부분의 사람들은 대체로 하나만 하기에도 벅차다.

어릴 때부터 글쓰기를 좋아했다. 내 생각을 글로 정리하는 게 즐거웠다. 내가 쓴 글을 읽은 사람의 표정이 달라지는 걸 보면 마냥 기뻤다. 모르는 사람에게서 '글 잘 쓴다'는 칭찬을 받으면 세상 최고의 작가가 된 기분도 들었다. 그래서 글로 돈을 벌기 시작했을 때에는 별걱정이 없었다. 하지만 시간이 지날수록 힘들었다. 글을 쓰며 느끼는 즐거움도 줄어들었다.

생각해 봤다. 좋아하는 일을 하면서 먹고살고 있는데 왜 힘들지? 아, 돈을 '많이' 못 벌어서 그렇구나! 그래서 좋아하는 일을 하면서 돈도 '많이' 벌어 보려고 했다. 일단 원고 청탁과 방송 섭외를 가리지 않고 받았다. 거의 매일 밤을 새우면서 마감을 하고, 방송에 나가고, 강의를 했다. 또한 좋아하는 일을 하면서 돈도 잘 버는 사람들을 찾아 그들이 무엇을 어떻게 하는지 보고 배우려 했다. 음악평론가, 칼럼니스트, IT 회사 기획자와 스타트업 임원을 두루 겪고 마침내 개인 사업자를 내기까지 내 모든 커리어는 어쩌면 그런 고민의 과정이었던 것 같다. 성과도 있었지만 좌충우돌하고 실패도 했다. 그렇게 25년이 지났다. 여전히 글을 쓰는 게 내 일이고, 그걸로 다양한 경제활동도 하지만, 힘들다. 그럭저럭 생계를 유지하고 있지만 힘든 건 여전하다. 어쩌면 더 힘들어진 것 같기도 하다.

그런데 뉴스레터를 5년간 보내면서 깨달은 게 하나

있다. 좋아하는 일을 하면서 먹고사는 게 잘하는 일을 하면서 먹고사는 것보다 그다지 덜 힘든 것도 아니라는 사실이다. 좋아하는 일이 단순한 취미라면 힘들지 않을 것이다. 힘들다 느껴지면 그냥 그만두면 된다. 하지만 일이 되면 힘들다는 사실을 당연하게 받아들여야 한다. 일이란 원래 그런 것이고, 좋아하는 일도 예외는 아니다. 이렇게 생각하자 마음이 조금 편해졌다.

"좋아하는 일로 먹고사는 게 가능할까요?"라는 질문보다 "좋아하는 일을 계속 좋아하려면 어떻게 해야 할까요?"라는 질문이 더 중요하다는 것을 이제는 안다. 덕분에 내가 좋아하는 일이 뭔지에 대해서도 깊이 생각하게 됐다. 평론가로 살아온 지난 20년이 좋아하는 일로 먹고사는 방법을 찾는 데 쓴 시간이라면, 뉴스레터 발행인이 된 최근 5년은 좋아하는 일을 어떻게 '계속' 좋아할 수 있을지 고민한 시간이었다.

나는 글쓰기 중에서도 특히 인터뷰와 칼럼 쓰기를 좋아했다. 이런 종류의 글은 리서치가 핵심이다. 리서치란 말 그대로 어떤 현상이 일어난 원인과 맥락을 여러 방면으로 조사해 정리하는 일이다. 인터뷰는 리서치의 한 방식이고, 칼럼은 그렇게 조사한 결과를 기반으로 내 생각을 더해서 전달하는 글쓰기 형식이다. 실력 있는 칼럼니스트 혹은 평론가는 기본적으로 리서치를 잘하는 사람이라고 생각한다. 뭔가를 잘 정리하고 잘 기억하면서, 거기에 자기 관점을 한 스푼 정도 끼얹는 게 바로 그들의 일이다.

나 역시 그런 일은 오래 할 자신이 있었다. 그래서 뉴스레터를 시작했다. 5년이 지났고, 7천 명이 넘는 구독자를 얻었고, 적게나마 매달 수익도 내고 있다. 누군가에게 나는 여전히 음악평론가나 문화평론가, 칼럼니스트로 보이겠지만, 이런 과정을 거친 나는 무엇보다 뉴스레터 발행인, 다시 말해 1인 미디어 회사를 운영하는 미디어 사업자다. 뉴스레터는 나만의 미디어/콘텐츠 비즈니스다. 나는 지금 강연도 하고, 컨설팅도 하고, 협업 프로젝트도 한다. 이 모든 활동은 매주 2만 자 이상의 글을 2회 이상 보내는 뉴스레터를 기반으로 이뤄진다. 그래서 같은 뉴스레터들이 아니라 애플, 메타, 카카오, 하이브 같은 대기업들을 포함해 온 세상의 미디어/콘텐츠 비즈니스 사업자가 죄다 배움의 대상이자 경쟁 상대다. 직접 경험하고 질문하며 스스로 만든 나만의 관점이다.

자기만의 관점으로 세상을 보면 확실히 다른 게 보인다. 자기만의 무언가는 자신이 직접 움직일 때 생긴다. 관점이란 행동의 결과다. 관점은 동사다. 욕심이 많은 나는 뉴스레터를 도구로 삼아 좋아하는 일과 잘되는 일을 아예 합치려고 한다. 힘들지만 즐겁다. 이건 중요한 차이다. 좋아하는 일로 먹고사는 건 꽤 힘들지만, 즐겁기 때문에 계속해 나갈 수 있다. 우리는 '좋아하는 것'이나 '먹고사는 일'이 아니라 '즐겁게'에 밑줄을 그어야 한다.

좋아하는 일로 먹고살고자 하는 사람들을 응원한다.

추천하는 말	9
들어가는 말: 돈돈거리는 이야기 혹은 좋아하는 일로 먹고사는 이야기	13

1. 왜 뉴스레터인가?   23

2013년: 세상이 바뀌고 있네?	26
2014년: 변화와 위협	29
2015년: 스타트업에 들어갔다(1)	34
2017년: 평론가 타이틀을 떼고 싶어요	37
2018년: 스타트업에 들어갔다(2)	41
2020년: 세상이 계속 바뀌고 있네?	44

2. 뉴스레터를 시작하기 전에 반드시 필요했던 것   47

브랜딩: '왜'를 정의하기	54
커뮤니티: '누구'를 정의하기	62
콘텐츠: '무엇'을 정의하기	67
수익화: '어떻게'를 정의하기	72

3. 뉴스레터 연대기: 읽고 쓰고 생각하라   85

2020년: 밤에도 일하는 사람들을 위한 뮤직레터	89
2021년: 뉴스레터만으로 유료화가 가능할까?	94
2022년: 월 구독료 10만 원의 실험	109
2023년: 콘텐츠 비즈니스의 3C(콘텐츠, 커뮤니티, 커머스) 구조를 고민하다	115

	2024년: '음악산업의 내일'을 궁리하는 뉴스레터	121
	2025년: 엔터문화연구소, 그리고 오래 하는 일의 가치	129

4.	**AI 시대에 창작자로 살아남기**	**137**
	AI가 왜 중요할까?	141
	'AI 서비스로 월 천만 원 벌기' 같은 말에 휘둘리지 않기	146
	어? 세상이 '계속' 바뀌고 있네?! : AI를 대하는 네 가지 자세	151
	크리에이티브는 모험의 영역 : 급변하는 세계에서 변하지 않는 것	155

5.	**이 시대 창작자에게 제일 필요한 것**	**159**
	창작자는 3단계를 거치며 성장한다	164
	또 하나 중요한 것, '리더십'	170
	우리는 어떻게 좌절하지 않고 사랑할 수 있을까	175

	부록: 뉴스레터에 관해 많이 받는 질문들	181
	나오는 말: 우리 계속 연락하자! Let's keep in touch!	197

1

왜
뉴스레터인가?

"유튜브는 안 하세요?"

뉴스레터를 시작했을 때 가장 많이 받은 질문이다. '유튜브가 대세다' '21세기의 TV다' '검색도 유튜브로 한다' '유튜브를 해야 돈을 번다' '크리에이터 경제의 핵심이다'…… 이런 얘기를 자주 들었으니 당연한 질문이라고 생각했다. 그런데 정작 나는 유튜브를 해야겠다고 생각한 적이 없었다. 특별한 이유가 있는 건 아니었다. 그저 쓴다는 것이 내 정체성의 일부였기 때문에 계속 쓸 수 있는 방법을 찾았을 뿐이다.

하지만 정작 이 질문을 계속 받다 보니 스스로에게 '그러게, 왜 그랬지?'라는 질문을 하게 됐다. 왜 계속 쓰려고 하지? 왜 쓰는 일에만 집중하지? 왜 영상이나 다른 포맷에는 적극적으로 관심을 갖지 않지? 질문은 꼬리에 꼬리를 물고 이어졌다. 생각 이상으로 내게 쓴다는 것은 본질적인 문제였기 때문이다. 이 질문에 스스로 답하지 않으면 다음 페이지로 넘어가지 못할 것 같았다. 질문은 해마다 모양새가 달라졌다.

2013년: 세상이 바뀌고 있네?

2002년 인터넷 포털 사이트 네이버에서 뉴스와 책 서비스 면 기획자로 일하던 나는 2006년에 『씨네21』이 창간한 엔터테인먼트 전문 웹진 『매거진t』에 기자로 이직했다. 거기서 나는 TV 드라마와 예능프로그램에 대한 글을 주로 썼다(『매거진t』는 나중에 『10아시아』와 『아이즈 매거진』으로 이름이 바뀌면서 처음과는 완전히 다른 미디어가 되었다).

마침 2006년은 TV 시장이 중요해지던 시점이었다. 미국에서는 2000년부터 『CSI: 과학수사대』『24』『로스트』『그레이 아나토미』같은 대규모 자본이 투입된 블록버스터 TV 시리즈가 대히트하면서 유럽과 아시아 시장으로 드라마를 수출하기 시작했고, 한국에서도 2005~2006년부터 인기 시리즈를 방송하기 시작했다. 미드가 인기를 끌면서 인터넷 커뮤니티 중심으로 불법(이라 부르고 '팬의 열정'이라 읽었던) 파일 공유와 번역 자막이 유행했던 게 이때다. 그리고 2007년 tvN이 개국하면서 한국에서도 본격적인 케이블 유료 방송 시대가 열렸고, 미디어 환경은 급속도로 변화했다. 내가 기자로 일할 때 '미디어 격변기'라고 할 만한 일들이 벌어진 것이다.

    2009년에 『매거진t』를 그만두고 어쩌다 보니 프리랜서로 일하게 되었다. 애초에 프리랜서를 목표로 한 건 아니었다. 말 그대로 '어쩌다 보니' 그렇게 되었다. 원래는 퇴사 후 다시 IT 업계로 이직하려고 했는데 생각대로 되지 않았다. 2009년부터 2013년까지 나는 칼럼니스트이자 문화평론가로 온갖 매체에 글을 썼다. 특별히 기억나는 건 『메트로』와 네이버 연재다. 당시 전철역 앞에서 무료로 배포하던 『메트로』는 몇백만 부를 발행해 전국에 배포했고, 그 영향력을 기반으로 광고 매출을 올렸다. 네이버는 콘텐츠를 단순히 유통하는 서비스에서 벗어나 '이동진의 부메랑 인터뷰' '황석영의 개밥바라기별' 같은 콘텐츠를 직접 제작하거나 독점 유통하면서 미디어로서의 영향력을 키우기 시작했다. 이런 변화는 기존의 잡지나 신문 같은 인쇄미디어를 크게 위협했다. 특히 영화 배급사들이 『메트로』와 네이버에 블록버스터 영화 광고를 실으면서 『씨네21』의 광고 매출이 떨어졌다. 동료 에디터나 기자들의 걱정스러운 목소리가 조금씩 커졌다.

2013년에는 당시 주간지 판매량 1위를 차지했던 『무비위크』가 폐간됐다. 폐간 직전에 1000원이라는 가격을 선언하며 파격적인 행보를 시도했지만 위기를 돌파하진 못했다. 120년 역사를 자랑하던 글로벌 시사주간지 『뉴스위크』도 종이 잡지 출간을 중단했다.

"어? 큰일났네?"

시사주간지나 영화잡지가 폐간된다는 건 내가 글을 쓸 곳이 점점 줄어든다는 얘기였다. 그 얘기는 곧 나의 수입도 함께 줄어든다는 뜻이기도 했다. 불안과 걱정이 자라나기 시작했다.

"우진 씨, 프리랜서 할 만해요? 이직할 곳이 다 사라지는데 어떻게 해야 할지 모르겠어요." 어느 날 친분이 있던 한 기자가 물었다. 마땅한 답을 찾지 못해 어물거리고 있으니 그가 덧붙였다. "망망대해에서 천천히 침몰하는 배에 탄 기분이에요."

전통적인 미디어 회사에 다니던 지인들은 졸지에 프리랜서가 되거나 완전히 다른 업계로 이직했다. '종이 매체의 종말'이라고 할 만한 일이 벌어지고 있었다. 내가 알던 세상이 바뀌고 있었다.

2014년: 변화와 위협

2014년, 트위터나 페이스북 같은 SNS가 부상하기 시작했다. 에디터들의 이직을 시작으로 종이 매체의 종말이라고 할 만한 일이 벌어진 계기는 이런 SNS 때문이었다. 사람들은 잡지 대신 SNS를 봤다. 기존 잡지사나 언론사는 이러한 뉴미디어를 어떻게 활용할지 고민했다. 문제는 뜻밖에도 글자 수였다. 당시 폭발적으로 인기를 끌던 트위터는 140자밖에 쓰지 못했다. 보통 1200자 분량인 칼럼 따위는 당연히 트위터에 어울리지 않았다. 초기 페이스북은 외부 링크가 잘 반영되지 않았다. 너무 긴 글도 노출되지 않았다. 누군가 알고리즘이 중요해질 거라고 말했다. 앞으로는 인간 에디터가 아니라 컴퓨터의 선택을 받아야 할 거라고 말했다.

아닌 게 아니라 소셜미디어라는 신대륙에서는 웃기거나 혐오스럽거나 신파적인, 여러 의미로 눈물 콧물을 쏙 뺄 만한 자극적인 콘텐츠만 유행했다. 심지어 이런 콘텐츠는 순식간에 다른 콘텐츠로 대체되곤 했다. 공들여 쓴 글은 SNS에 전혀 어울리지 않았다. 도대체 어떻게 해야 할지 모르는 채로 순식간에 뭔가가 바뀌었고, 나는 그 변화를 지켜보기만 할 뿐이었다.

사람들의 관심이 뉴미디어로 몰리자 광고 시장도 변화했다. 그리고 이런 변화는 미디어의 생존 문제와 직결되었다. 미디어는 광고에 의존하는 수익모델을 가졌는데, 특히 광고주가 뉴미디어로 몰리자 종이 매체의 수익성이 크게 떨어지기 시작했다. 100년 전 유럽의 신문은 저렴한 광고를 대량으로 실으면서 성장했고, 패션잡지는 비싸고 고급스러운 광고를 실으면서 성장했다. 라디오도, TV도 마찬가지다. 이렇게 광고를 기반으로 불특정 다수의 대중을 상대로 정보를 발신하는 매스미디어의 수익모델은 지난 100년 동안 크게 달라지지 않았다. 대중은 언제나 더 자극적인 이야기에 쉽게 접근할 수 있는 미디어에 끌렸고, 사람들의 관심이 머무는 곳에 언제나 광고가 몰렸다.

트위터는 만화보다 재밌고, 인스타그램은 패션지보다 멋있으며, 페이스북에는 언론사보다 흥미로운 칼럼이 올라왔다. 무엇보다 이 모든 것이 공짜였다. 이렇게 소셜미디어가 거대한 관심의 블랙홀이 되자 종이 매체는 순식간에 경영난에 허덕이게 되었다. 판매량도 떨어지고 광고주도 떨어졌다. 이런 변화를 겪으면서 나는 일간지든 패션지든 포털사이트든 결국 미디어는 광고로 먹고살 수밖에 없다는 사실을 실감했다. 아무리 고급하고 우아하고 실용적인 이야기를 다뤄도 이 사실은 바뀌지 않는다. 이론이 아니라 몸으로 배운 사실이었다. 소셜미디어는 레거시미디어의 광고 의존도를 적나라하게 드러냈다. 이 구조를 벗어나지 못하면 미래는 없을 것 같았다.

당시에 나는 연재하는 매체의 담당 기자나 에디터에게 전화가 오면 통화 버튼을 누르기 전에 숨을 한번 가다듬는 습관이 생겼다. 열흘에 한 번꼴로 "우진 님, 그동안 고마웠습니다, 다음 주까지만 칼럼을 써 주시면 돼요"란 얘기를 들었기 때문이다. 소셜미디어 때문에 내 일자리도 사라지고 있었다. 이전의 나는 어떻게 하면 프리랜서로서 꾸준하게 글을 쓰고 돈을 벌 수 있을지가 고민이었다. 그래서 더 많은 매체에 더 자주 글을 쓰려고 애썼다. 가리지 않고 청탁을 받아서 매일같이 밤을 새우기도 했다. 내가 글을 싣는 매체의 수를 하나라도 더 늘리는 게 중요했다. 하지만 불과 몇 년 만에 내 일거리가 순식간에 사라질 수도 있다는 존재론적 위기감에 휩싸였다. 고민이 깊어질 수밖에 없었다. 아무리 많은 매체에 글을 쓰더라도 미디어 환경이 불안정하면 나의 일자리도 위태로워진다. 내가 경험하고 있는 것은 종이 매체의 종말이 아니었다. 미디어 산업의 거대한 변화였다. 그건 불가항력적인 일이었다. 내가 할 수 있는 일이 사실상 없다는 생각이 들자 마음이 급해졌다.

그래서 나는 최대한 많은 사람을 만나기 시작했다. 분야도 가리지 않았다. 원래 알던 사이든 아니든 상관없었다. 그저 새로운 콘텐츠를 고민하거나, 새로운 미디어를 만들거나, 조금이라도 이 상황을 바꿔 보려는 사람이라면 누구든 먼저 연락해서 약속을 잡았다. 트위터와 페이스북 메시지로 "안녕하세요, 저는 차우진이라는 사람이고 음악평론가로 일하고 있습니다. 최근 쓰신 글에 너무 공감해서 연락드립니다. 언젠가 기회가 되면 좀 더 얘기를 나누고 싶네요. 커피는 제가 사겠습니다!"라는 메시지를 여기저기에 뿌리다시피 보냈다.

그중엔 스타트업 대표도 있고, 저널리즘 연구자도 있고, 뮤직 테크 개발자도 있고, 전시기획자도 있고, 시민단체 활동가도 있고, 영상을 찍는 대학생도 있었다. 심지어 카페 사장도, 부동산 디벨로퍼도 만났다. 누구든 SNS에 쓴 글에서 단어 하나라도 내 고민과 유사한 게 보이면 무작정 메시지를 보냈다. 그렇게 다양한 사람을 만나는 동안 나의 막연한 걱정과 불안도 조금씩 다듬어졌다. 내게 중요한 건 앞으로 미디어 환경이 어떻게 변하든 상관없이 오늘 하는 일을 내일도 할 수 있는 방법을 찾는 것이라는 사실을 깨달았기 때문이다.

2015년: 스타트업에 들어갔다(1)

"요즘 새로 나오는 음악은 죄다 '일반인의 소름 돋는 라이브(일소라)' 같은 곳에 있어요."

"그게 뭔데요?"

"페이스북 페이지요. 진짜 노래 잘하는 일반인이 길거리에서 노래를 불러요. 조회수가 엄청나요."

"우와, 그 사람은 스타가 되겠네요!"

"유명해지겠죠. 근데 그 사람이 부른 음악도 유명해져요. 일소라에서 뜬 노래는 노래방에서도 잘나가요. 근데 그 페이지는 일반인이 아니라 회사가 운영한대요. 재밌죠?"

인디 레이블을 운영하는 음악 업계의 지인과 커피를 마시면서 이런 대화를 나눴다. 바로 '일반인의 소름 돋는 라이브'를 검색해 봤더니 페이스북 페이지가 떴다. 구독자가 몇십만 명이었다. 누가 봐도 개인이 취미로 뚝딱 만든 페이지 같았다. 로고 이미지도 조악하고 페이지 설명도 단순했다. 그런데 이걸 회사가 운영한다고? 평론가로서 이 현상을 어떻게 이해하면 좋을지 난감했다. 너무도 생소한 일이었기 때문이다. 그는 이렇게 덧붙였다.

"앞으로는 누구나 페이스북 페이지에 비용을 주고 마케팅을 해야 할 거예요."

2015년엔 페이스북이 세상을 완전히 바꿔놓을 것 같았다. 덩달아 거의 모든 미디어가 모바일 혁신을 외치던 시기였다.

얼마의 시간이 흐르고, 몇 번의 우연이 겹쳐 나는 바로 그 '일소라'를 운영하는 회사에 들어가게 됐다. 회사 이름은 메이크어스makeus, 유튜브의 '딩고 프리스타일' 채널과 '킬링벌스' 시리즈로 잘 알려진 회사다. 당시 메이크어스는 뉴미디어 비즈니스를 기반으로 200억 이상의 대규모 투자를 받은 상황이라 나도 모바일 기반의 미디어 콘텐츠를 매일같이 고민해야 했다. 답이 없으니 잘되는 콘텐츠와 미디어를 따라가려고 애썼다. 당시 유출된 『뉴욕 타임스』의 내부 혁신 보고서가 한국어로도 번역되어 바이럴되던 터라 내부 스터디 자료로 쓰기도 했다. 나는 여기서 '딩고 무비'와 '딩고 라이프' '딩고 매거진' 같은 채널을 만들어 운영했다. 이 페이지를 기반으로 새로운 콘텐츠 비즈니스를 만들려고 애썼다. 하지만 잘 안 됐다. 2년 동안 고민하고 실패하길 거듭했다. 확실한 것은 아무엇도 없었다. 다만 막연하게 앞으로는 뭔가 만드는 사람, 재능 있는 사람이 주도하는 세상이 되리라는 느낌이 들었다.

그때 우연히 한 스타트업에서 최고기술경영자CTO로 일하는 개발자를 만났다. 근황을 주고받던 중에 얼마 전 그가 부업으로 '스토어팜'을 오픈했다는 얘길 들었다. 스토어팜은 네이버에서 막 출시한 서비스로, 누구나 쉽게 온라인쇼핑몰을 운영할 수 있게 해 준다고 했다(스토어팜은 얼마 뒤 '스마트스토어'로 이름을 바꿨다). 높은 연봉과 스톡옵션까지 받는 그가 굳이 온라인쇼핑몰을 시작한 이유가 궁금했다. 이런 답이 돌아왔다. "잘만 하면 웬만한 직장인 연봉만큼 벌 수 있을 것 같거든요."

이 얘기를 듣고 나는 개인이 큰 자본 없이 대형 플랫폼에서 제공하는 서비스를 이용해 대중을 상대로 사업을 하고 수익을 거둘 수 있는 가능성이 생겼음을 깨달았다. 저렴한 중국산 공산품을 팔든, 콘텐츠를 팔든 상관없이 말이다. 얼마 뒤 사람들은 그걸 D2C(Direct-To-Commerce)라고 부르기 시작했다.

2017년: 평론가 타이틀을 떼고 싶어요

2017년 회사를 그만두고 다음 스텝을 고민하고 있을 때 퍼블리에서 콘텐츠를 함께 만들고 싶다며 연락을 해 왔다. 당시 퍼블리는 업계에서 꽤 주목받던 스타트업으로, 클라우드 펀딩을 기반으로 지식 콘텐츠를 제작하는 회사였다. 사실 퍼블리는 2015년에 뉴스를 요약해 주는 메일링 서비스로 사업을 시작했다. 그때는 '뉴스레터'를 '메일링 서비스'라고 불렀는데, 나도 그 뉴스 요약 메일을 구독했다. 당시 미국에서는 '스팸'이라 불리던 단순 광고 이메일 마케팅 대신 메일에 나름의 콘텐츠를 담아 보내는 새로운 마케팅이 등장했는데, 퍼블리가 발빠르게 차용해 한국에 선보인 것이었다. 초기 투자를 받은 뒤 퍼블리는 이메일을 발행하는 대신 콘텐츠 펀딩 서비스를 시작했다. 2017년 당시 퍼블리는 이미 다수의 펀딩 성공 사례를 만들며 언론과 출판 업계에서 인지도를 높이고 있었다. 그런 곳에서 내게 콘텐츠를 함께 만들고 싶다고 연락을 해 온 것이다.

"우진 님은 퍼블리와 함께하면서 뭘 얻고 싶으세요?"

첫 미팅에서 공동창업자이자 콘텐츠 총괄을 맡고

있던 김안나 CCO가 내게 물었다. 나는 주저 없이 대답했다.

"평론가라는 타이틀을 떼고 싶어요."

오랫동안 나는 음악평론가라는 타이틀이 부담스러웠다. 음악을 사랑하지만 음악가나 평론가가 인생의 목표였던 적은 없었다. 평론은 (감히) 음악을 평가하는 직업, 음악에 별점이나 매기는 직업이라는 세간의 인식도 받아들이기 힘들었다. 내가 정의하는 평론은 그 어느 쪽도 아니었다. 게다가 한국에서 음악평론은 때때로 사회문화평론이나 기술평론 같은 역할을 도맡기도 했다. 하지만 나는 훈련된 학문적 지식보다는 직관과 감각으로 대중 칼럼을 쓰는 게 고작이었다. 그럼에도 15년 가까이 평론가라는 커리어를 유지했으니 '음악평론가'라는 타이틀에는 애증이 있었다. 그래서 이왕에 퍼블리 같은 새로운 미디어에서 연락이 왔으니, 뭔가 평론가스럽지 않은 새롭고 다른 것을 해 보고 싶었다. 그래서 그렇게 대답했다.

마침 퍼블리의 목표도 필자의 성장에 있다고 했다. 여기서 성장이란 비단 영향력이 커지는 것만을 의미하지 않았다. 다른 위치로 이동하는 것이기도 했다. 퍼블리에 먼저 연재하고 있는 기존 필자가 모두 그랬다. 누구는 직장인에서 브랜드 전문가로, 누구는 경영자에서 컨설턴트로 위치가 바뀌었다. 퍼블리의 독자가 많지는 않았지만 업계 영향력은 여느 출판사 못지않았다. 나에게는 이전에 책이나 칼럼을 쓰면서 만났던 독자와는 다른 새로운 독자를 만날 기회이기도 했다.

문제는 과연 무엇을 쓸 것인가였다. 음악을 완전히 배제할 수는 없었다. 그러나 일반적인 음악평론가와는 다른 면모를 드러내고 싶었다. 그래서 음악과 함께 산업에 주목했다. 2002년 인터넷 초창기에 네이버에서 일했던 경험, 2007년 TV 엔터테인먼트 업계의 변화를 근거리에서 지켜본 경험, 2015년 모바일콘텐츠를 고민한 경험을 녹여 '음악산업, 판이 달라진다'의 기획안을 썼다.

퍼블리는 기획안을 먼저 공개하고 클라우드 펀딩을 받았다. 보통 몇백만 원이 모이면 성공이었다. 내 프로젝트는 한 달 동안 총 1200만 원을 모았다. 퍼블리의 프로젝트 중에서도 상위권에 드는 결과였다. 몇 개월 후 콘텐츠가 공개되자 독자 평점은 평균 92점에 육박했다. 리포트를 발행하고 오프라인 토크 세션도 여러 번 열었다. '음악산업, 판이 달라진다'는 퍼블리에서 지금도 여전히 읽히는 글이 되었고, 나는 음원을 발매한 아티스트처럼 매달 퍼블리에서 저작권료를 정산받는다(2025년 현재도 그렇다). 그런데 퍼블리 리포트를 통해 나는 저작권료보다 더 큰 것을 얻었다. 바로 내가 쓴 글을 사람들에게 직접 판매할 수도 있다는 사실을 배운 것이다. 이전과는 완전히 다른 경험이었다.

2018년: 스타트업에 들어갔다(2)

'스페이스 오디티'는 케이팝 팬덤을 위한 서비스를 만드는 스타트업이다. 김홍기 대표는 오래전부터 업계의 지인으로 알고 지내던 사이로, 메이크어스에 나를 소개해 준 장본인이기도 했다. 네이버뮤직, 카카오뮤직, 딩고뮤직을 거친 그가 스페이스 오디티를 창업했을 때에는 진심으로 응원했다. 그리고 1년 뒤, 나는 스페이스오디티에 합류했다. 스페이스오디티는 데이터를 기반으로 아티스트의 성장을 보여 주는 '케이팝 레이더', 팬덤을 위한 통합 서비스 '블립', 팬덤을 위한 지식 콘텐츠『블립 매거진』, 이렇게 세 개의 상품을 기획했다. 그중 내가 맡았던『블립 매거진』은 아티스트를 하나의 브랜드로 정의하고, 그로부터 성장 동력과 전략을 배우는 것을 목표로 하는 케이스 스터디 매거진이었다. 말하자면 음악계의『매거진B』를 만들자는 생각이었다.

『블립 매거진』의 창간 준비호(우리는 0호라고 불렀다)에서 다룰 두 팀을 선정했다. 하나는 오디션 프로그램(『프로듀스 48』)으로 결성된 걸그룹 아이즈원, 또 하나는 당시 인디 신에서 가장 주목받던 밴드 아도이였다. 양쪽 모두 할 이야기가 많았다. 당시 아이즈원은 가장 성공적인 걸그룹으로 모든 기록을 갱신하고 있었다. 하지만 애초에 오디션 프로그램에 출연한 여러 기획사 소속 연습생으로 꾸려진 팀이라서 2년 6개월만 활동할 수 있었다. 우리는 아이즈원을 이런 한계 조건에서도 남다른 성과를 낸 탁월한 팀으로 재정의했다.

그리고 아도이는 당시 홍대 앞에서 가장 힙한 인디 밴드이자 케이팝 아티스트와 유명인이 좋아하는 밴드로 주목받고 있었다. 히트곡도 여럿 있고, 해외 공연도 많이 했다. 특히 밴드 멤버를 모으는 과정이나 공연장의 규모를 키우며 성장하는 방식이 스타트업과 굉장히 유사했다. 그러면서 음악의 본질적인 창의성을 유지할 방법도 찾았다는 점에서 정리할 이야기가 많았다.

아이즈원과 아도이를 통해 콘텐츠, 브랜딩, 마케팅 전략을 배우는 내용의 매거진을 만들면서 나는 시간에 대한 개념을 새로 터득할 수 있었다. 어떤 일을 시작할 때 상황에 따라 가용할 수 있는 비용과 인력에는 차이가 있을 수밖에 없지만, 시간은 누구에게나 공평하게 부여된다. 이 시간을 어떻게 쓰느냐가 관건이다. 뭔가를 만드는 사람이라면 누구나 어느 정도의 시간을 버텨야 한다. 그런데 무작정 버티는 게 능사는 아니다. 조금씩 단계를 밟아 성장하면서 버틸 수 있는 구조를 만드는 게 중요하다.

하지만 이 프로젝트를 사업으로 발전시키는 건 쉽지 않았다. 기획사를 찾아 초상권 등의 허가를 받는 일부터 데이터를 수집하고 가공해 콘텐츠로 만드는 일까지 모두가 난관이었다. 무엇보다 날이 갈수록 어려워지는 출판 시장에서 성과를 내는 것이 문제였다. 결국 우리는 텀블벅 펀딩으로 0호를 발행하는 것으로 프로젝트를 종결했다. 『블립 매거진』 0호를 발행하고 얼마 뒤 나는 회사를 나왔다. 지난 몇 년 동안 스타트업에서 입사와 퇴사를 반복했지만, 이때는 다음 단계에 대한 생각이 분명했다. 다시 회사에 들어갈 생각은 없었다. 프리랜서로 돌아갈 생각도 없었다. 이제는 혼자서 직접 콘텐츠 사업을 시작할 때라고 생각했다. 『블립 매거진』을 만들면서 했던 고민은 이후 내가 뉴스레터를 운영하는 데에도 큰 도움이 되었다.

2020년: 세상이 계속 바뀌고 있네?

처음 세상의 변화를 깨달았을 때만 해도 모든 게 순식간에 변할 줄 알았다. 하지만 아니었다. 세상은 확실히 바뀌고 있었지만, 의외로 천천히 달라졌다. 2015년에서 2020년 사이에 벌어진 기술과 미디어, 콘텐츠 소비 방식의 변화는 단지 시장만 바꾼 게 아니었다. 우리가 어디서 일할지, 어떻게 일할지, 누구와 일할지, 무슨 일을 할지부터 어떤 사람들과 어울리고 어떤 방식으로 살아갈지 등 우리의 가치관을 바꿔 놓았다.

이런 변화 속에서 나는 뉴스레터를 시작했다. 혼자서 제일 잘할 수 있는 일이라고 생각했기 때문이다. 그런데 당시 한국에는 유료 뉴스레터가 거의 없었다. 정확히 말해 뉴스레터를 위한 결제 솔루션이 없었다. 하지만 시간이 지나면 해결될 기술적인 문제라고 생각했다. 그러니 일단 빨리 시작하는 게 중요했다. 2020년 당시, 스타트업에서 일한 경험 때문인지 '워라벨'이란 말이 유행하고 있음에도 한편으론 온 힘을 다해 진심으로 일하고 싶어 하는 사람이 늘고 있다고 느꼈다. 그중엔 혼자서 자유롭게 일하고 싶어 하는 사람도 있는 것 같았다. 그래서 슬로건을 이렇게 정했다. '밤에도 일하는 사람들을 위한 음악 뉴스레터.' 나도 그렇지만, 크리에이터는 보통 직업이 두 개다. 낮에는 돈 버는 일을 하고, 밤에는 하고 싶은 일을 한다. 그래서 뉴스레터도 밤 9시에 보냈다. 심야 FM 라디오를 콘셉트로 삼아 레터를 발행하기 시작했다.

뉴스레터를 시작하면서 제일 먼저 TMI.FM이란 도메인을 구입했다. 도메인은 디지털 환경에서 내가 소유할 수 있는 가장 저렴한 자산이고, 나중에 브랜드가 될 수도 있었다. 그리고 사업자등록증을 만들고 전자상거래를 위해 통신사업자등록증도 발급받았다. 사업자를 낸다는 생각에 잔뜩 긴장한 채 신청했지만, 발급 과정은 시시할 정도로 간단했다. 30분도 걸리지 않았다. 평일 낮, 한산한 구청 벤치에 앉아 방금 발급받은 개인사업자등록증과 통신사업자등록증을 바라봤다. 기분이 이상했다.

그때 '10년은 해 보자' 다짐했다. 너무 비장하다는 느낌도 들었지만 뭐 어때. 나는 프리랜서로 거의 10년을 일했다. 그러는 동안 생각지도 못했던 일들을 했다. 나름 전문가라는 타이틀도 얻었다. 그러니 지금 새로운 일을 시작하면 10년은 계속할 생각을 하는 게 자연스러웠다. 지난 몇 년 동안 스타트업에서 일하면서, 스타트업은 빠른 실행과 눈에 보이는 성과에 목을 맬 수밖에 없는 사업체라는 것을 알았다. 그 과정에서 중요한 것을 놓치기 쉽다는 점도. 나는 그렇게 하기 싫었다. 기억을 더듬어 보니 새로운 일을 시작하면 적어도 3년쯤 뒤에야 사람들이 "요즘 뭐 새로 시작한 것 같던데"라고 했다. 5년쯤 지나면 "아, 그거 잘되고 있나?"라고 물었다. 8년쯤 되면 정확하게 무슨 일을 하는지 언급했다. 그러니까 뭐든 10년 정도는 해야 사람들이 그 일을 알아보고 전문가라고 인정해 주는 것이다. 핵심은 시간이다. 얼마만큼의 시간을 쓸 수 있을까. 이왕 작정하고 내 일을 시작했으니 넉넉하게 잡고 싶었다. 그러는 동안 생각지도 못한 일들이 벌어질 테니까. 그래서 10년이었다. 이 결정이 부디 나를 더 좋은 쪽으로 데려가 주길 바라는 마음으로 구청 벤치에 앉아 빳빳한 서류를 바라봤다.

진짜로 뭔가 시작되고 있었다.

뉴스레터를
시작하기
전에
반드시
필요했던
것

2018년, 나는 페이스북에 이런 메모를 남겼다.

1. 근미래에는 '콘텐츠를 가진 개인'이 더 중요해질 것이다. '콘텐츠를 가진 개인'이라고 말하면 모두들 영상편집자, 모바일콘텐츠 제작자, 지식 중개인, SNS의 인플루언서 등을 떠올리겠지만, 아니다. 플랫폼은 더 많아질 것이고 그중에서 유용한 플랫폼이 규모에 상관없이 자기 영역에서 짱 먹을 거다. '콘텐츠를 가진 개인'은 특정 플랫폼 안에서 정보와 지식을 생산하거나 공유하면서 플랫폼의 확장에 기여할 것이다.

2. 앞으로는 좋은 정보를 퍼트리면서 누군가의 명성에 기여하고, 동시에 자신의 명성도 얻는 사람들이 생길 것이다. 따라서 콘텐츠 생산과 공유에 대한 보상 문제가 중요해질 수 있다. 플랫폼의 성패는 그 기여도에 대한 금전적/사회적 보상을 어떻게 책정하느냐에 있다. 플랫폼 비즈니스는 기여와 보상에 대한 커뮤니티 설계라는 관점으로 봐야 한다.

3. 이때 '콘텐츠를 가진 개인'의 바로 그 '콘텐츠'는

뭘까. 내 생각엔 '관점'이다. 관점은 관찰과 생각으로부터 나온다. 그걸 재빨리 습득하는 게 '읽기'다. 읽기에는 독서도 있고 페이스북 타임라인이나 인스타그램, 유튜브를 보는 것도 포함된다. 여기서 '읽기'의 목표는 책을 다 읽는 게 아니다(그래선 안 된다). 책의 내용에 집중하는 것도 아니다. 자기 생각을 갖기 위해 읽어야 한다.

4. 그러므로 대충 읽어도 된다. 저자의 생각을 완벽히 이해할 필요도 없다. 책의 주제에 대해서 쓰거나, 말하거나, 설명할 이유도 없다. 다만 주의를 기울여야 한다. 그 결과 문장 하나만 남아도 된다. 단어 하나만 남아도 상관없다. 거기서 자신의 생각이 탄생하는 게 중요하다. 영화, 드라마, 만화 등등 모두가 마찬가지. '읽기'는 오직 수단에 불과하다.

5. 읽기와 생각을 통해 얻는 건 '관점'이다. 관점이 켜켜이 쌓이면 '통찰력'이 된다. 다시 말해 통찰력이야말로 콘텐츠 읽기의 본질적인 목표다.

6. 통찰력은 누군가로부터 오지 않는다. 나의 경험, 생각, 관점이 곧 통찰력을 키우는 근육이 된다.

> 7. 플랫폼 시대에 '콘텐츠를 가진 개인'으로 살아남으려면 특히 이런 관점과 태도가 필요하다. 집중하지 말고 주의를 기울일 것. 집중과 주의를 구분할 것. 이건 내 숙제이기도 하다.

돌아보니 2018년의 메모는 일종의 자기암시 혹은 선언문 같았다. 콘텐츠의 매력, 그러니까 셀링포인트가 곧 관점이라면 나의 콘텐츠는 내 관점이 담긴 글이다. 관점과 글은 분리되지 않는다. 그래서 나는 내가 쓰는 글을 표본으로 삼아 콘텐츠가 생산되는 환경, 유통되는 구조, 소비되는 방식을 탐구하기로 했다. 2020년, 오랫동안 고민하던 뉴스레터를 비로소 시작하면서 나는 단순히 뉴스레터를 발행하는 게 아니라 나만의 콘텐츠 비즈니스를 실행하는 거라고 생각했다. 지금도 이 생각은 달라지지 않았다.

그러므로 무엇보다 콘텐츠 비즈니스의 원리에 대해 계속 생각할 수밖에 없었다. 몇 년간 연재하던 일간지, 주간지, 월간지가 사라지고 간간이 포털사이트나 음악 서비스에 글을 기고하거나 콘텐츠를 기획하면서 불확실해진 미래를 실감했기 때문이다. 게다가 플랫폼은 구조적으로 독점화될 수밖에 없다. 피할 수 없는 흐름이다. 그 불가피한 흐름을 전제로 콘텐츠 생산자의 지속 가능성을 고민할 수밖에 없었다. 유튜브나 팟캐스트 대신 내게 가장 익숙한 글쓰기에 집중하기로 했다. 다만 거의 무료로 인식되는 글을 어떻게 수익화하고 자산화할 것인지가 문제였다.

원래는 인터넷 결제가 가능한 홈페이지를 만들려고 했다. 해외 뉴스레터도 그런 식으로 홈페이지에서 결제하고 운영되었다. 하지만 그러려면 회원 가입, 회원 정보 관리, 멤버십 결제 등이 필요하고 이런 기능을 갖추려면 구축하고 관리해야 할 것이 많았다. 최소 비용을 들여 직접 홈페이지를 만들어 보려고 했는데 생각만큼 쉽지 않았다.

이 과정에서 이런 질문도 떠올랐다. '홈페이지란 무엇인가?' 홈페이지가 제 역할을 하려면 홍보가 필요했다. 소셜미디어나 뉴스레터를 적극적으로 활용해야 했다. 그런데 뉴스레터 자체가 상품이라면 홈페이지의 역할은 대체 뭐지? 이 고민이 해결되지 않았기 때문에 뉴스레터에만 집중하기로 결정했다. 그러자 브랜딩, 커뮤니티, 콘텐츠, 수익화 구조 등 스스로 답을 찾아야 할 질문들이 더 뾰족해졌다.

브랜딩: '왜'를 정의하기

요즘의 나는 브랜딩이 정말 중요하다는 걸 알지만 2019년 무렵의 내게는 브랜딩이 약간 허세처럼 들렸다. 나만 그런 건 아니었다. 굳이 비싼 돈을 들여 브랜딩을 해야 하는 이유를 모르겠다는 스타트업 대표도 있고, 브랜딩은 결국 열심히 하면 자연스럽게 따라오는 거라고 이야기하는 작가도 있었다. 하지만 지난 몇 년 동안 내가 이런저런 경험을 통해 배운 것은 브랜딩이 단순히 예쁜 로고나 그럴듯한 슬로건을 만드는 게 아니란 사실이다. 오히려 브랜딩은 일을 제대로 하기 위해 필요한 나침반 같은 것이다.

사람들은 흔히 브랜딩을 세상에 나를 알리는 방법, 즉 외부를 향한 것이라 여기지만, 내가 생각할 때는 나 자신에게 동기를 부여하는 것, 즉 내부를 향한 것이다. 쉽게 말해, 내가 이 일을 왜 하는지 스스로 납득하고 그걸 위해 뭘 할지 혹은 하지 않을지 결정하는 기준이 되는 게 브랜딩이다. 이게 바로 내가 깨달은 브랜딩의 진짜 의미였다.

그래서 뉴스레터의 브랜딩을 가장 먼저 고민했다. 일단 이름이 필요했다. 뉴스레터의 이름에는 앞으로 어떤 분야에 주목하고 어떤 태도를 고수할지 등 많은 맥락이 담긴다. 귀여운 느낌이나 진지한 태도 같은 인상도 반영된다. 거기서 콘셉트도 정해지고 방향도 잡힌다. 이름이야말로 브랜딩의 시작점이다.

뉴스레터의 이름을 고민할 때 몇 가지 기준을 정했다. 짧고 단순할 것. 발음하기 쉬울 것. 여러 의미를 담을 것. 그러다 내가 평소에 '말이 많다'는 얘기를 자주 듣는다는 걸 떠올렸다. 마침 애인이 그런 평판(?)을 한번 써먹어 보면 어떠냐고 조언했다. 그러자 'TMI 차우진 선생'이라는 이상한 표현이 떠올랐다. '생전 처음 보는 사람과도 3시간을 떠들 수 있는 사람'이라는 주변의 평을 들을 때마다 크게 와하하 웃었지만, 솔직히 마음에 들지는 않았다. 그래서 매번 앞으론 말을 좀 적게 해야겠다고 다짐했는데…… 이 점을 긍정적 의미로 써먹으려 하니, 내가 왜 그렇게 말이 많은지 되짚어 보게 되었다. "나는 쓸데없이 말만 많은 사람인가?" "그럼 나는 사람들을 불편하게 만드는 사람인가?" "나는 왜 처음 보는 사람에게도 말을 많이 할까?" 스스로에게 거듭 물었다.

사실 내가 하는 이야기의 대부분은 어디서 보거나

읽은 것이었다. "기자라는 직업이 사라지면 나는 어떡하지?"라고 털어놓는 지인에게 "얼마 전에 『뉴욕 타임스』 기사에서 이런 걸 봤는데 참고할 수 있지 않을까?"라면서 그 기사의 구체적인 내용을 구구절절 읊는다거나, "이직하고 싶은데 내가 뭘 잘하는지 모르겠어요"라는 이에게 "20년 동안 이것도 하고 저것도 했는데 돌아보니 다 쓸모가 있더라고요"라면서 그동안 내가 다닌 회사와 만난 사람들에 대해 시시콜콜 늘어놓는 식이었다.

그러고 보니 내가 말을 많이 하는 이유는 상대방에게 도움이 될 만한 정보와 생각을 전하고 싶었기 때문이다. 왜 그랬을까? 나는 2015년 무렵부터 세상이 근본적으로 바뀌고 있다고, 이런 변화에 대응하기 위해선 무엇보다 정보가 많이 필요하다고 생각했다. 하지만 이 문제에 대해 조언을 구할 사람이 별로 없었다. 그래서 내가 도움을 주고 싶었다. 내가 보고 들은 것을 사람들에게 전하고 싶었다. 그들의 문제가 곧 나의 문제였기 때문이다. 다만 그 메시지를 압축해서 재미있게 요약하는 능력은 다소 부족했다. 그러니 말이 많을 수밖에.

나는 내가 배운 것, 알게 된 것, 관점이나 질문, 고민

지점과 태도 등등을 나와 비슷한 고민을 하는 사람에게 전할 때 즐거웠다. 또한 그 과정을 통해 나와 비슷한 생각을 하는 사람을 더 많이 만나고 싶었다. 먼저 말하지 않으면 아무도 모르니까, 아무도 만날 수 없으니까. 그런 생각으로 나는 사람들에게 온갖 이야기를 떠들어 댔다. 마침 TMI는 테크Tech, 미디어Media, 인포메이션Information이라는 키워드의 조합으로도 쓸 수 있으니 그 또한 마음에 들었다. 그래서 뉴스레터의 이름을 TMI로 정했다. 그리고 음악적인 인상도 주고 싶었다. 사실 음악평론가라는 타이틀을 완전히 지우기보다는 조금 다른 음악평론가가 되어야겠다고 생각했는데, 마침 애인이 "그럼 음악산업 평론가는 어때?"라고 좋은 아이디어를 제안했다. 그래서 도메인은 .COM이나 .CO.KR이 아닌 반드시 .FM을 쓰겠다고 다짐했다. 당장 도메인 관리 사이트 후이즈에 들어가 TMI.FM이란 도메인을 검색했다. 다행히 이 주소를 사용하는 데는 없었다. 바로 2년 치를 결제했다.

그런데 앞서 말했듯 이름은 브랜딩의 시작일 뿐이었다. 그다음 세부적인 부분을 어떻게 해야 할지 몰랐다. 그걸 도와준 사람이 애인이자 사업 파트너인 김청이었다.

그가 소개해 준 전문가들과 만나 2개월간 브랜딩을 진행하기로 했다. 미팅 첫날, 엑셀로 작성된 문서 하나를 받았다. 몇 개의 질문에 답을 채워 넣어야 했는데, 질문은 이랬다.

+ 브랜드가 궁극적으로 전달하고 싶은 메시지와 철학은 무엇인가?
+ 브랜드는 소비자에게 어떤 가치와 편익을 제공하는가?
+ 브랜드의 서비스를 통해 전달되는 긍정적인 면은 무엇인가?
+ 브랜드가 소비자에게 어떻게 비춰지기를 원하는가?
+ 브랜드의 시각적인 이미지를 만들기 위한 키워드는 무엇인가?

막상 빈칸을 채우려니 시간이 오래 걸렸다. 막연한 생각을 구체적인 문장으로 적는 게 어려웠기 때문이다. 몇 번을 썼다 지우고 고치기를 반복하느라 답변을 완성하는 데 한 달이나 걸렸다. 때문에 브랜딩 기간이 예정보다 늘어났지만, 반드시 필요한 시간이었다. 그 설문지를 토대로 우리는 2주에 한 번씩 만나 몇 시간에 걸쳐 미팅을 진행했다. 그들은 이 과정을 '브랜드 아키텍처 플랜'BRAND ARCHITECTURE PLAN(BAP)이라고 불렀다. 우리는 세상에 없는 건물의 설계도를 그리고 있었다.

몇 달 뒤, 우리는 TMI.FM을 '뚜렷한 관점이 있지만 겸손하고 적극적인' 성격의 브랜드로 정의했다. '라디오를 모티프로 음악과 음악산업에 대한 정보를 공유하는 뉴스레터.'

+ 브랜드가 궁극적으로 전달하고 싶은 메시지와 철학은 무엇인가?

  내 삶의 주도권을 갖고자 하는 프리워커들과 구체적인 사례를 나누고, 자기결정권을 훈련할 수 있는 장을 추구한다. 자기결정권이란 가치관, 거창한 미션, 삶의 비전, 직업윤리, 삶의 방식, 성찰, 삶의 기준 등이다. '무엇이 될 것인가'가 아니라 '무엇을 할 것인가'의 문제에 집중한다.

+ 브랜드는 소비자에게 어떤 가치와 편익을 제공하는가?

나보다 먼저 고민한 사람들의 이야기를 전한다. 나와 같은 업계에서 일하는 사람들이나 나와 비슷하게 생각하는 사람들은 이 문제를 어떻게 해결했는지, 그 과정에서 어떤 일이 있었는지, 어떤 조건이 있었는지, 그 과정을 내게 적용할 수 있는지, 아니라면 나한테 맞는 방법은 뭔지 찾게 돕는다.

+ 브랜드의 서비스를 통해 전달되는 긍정적인 면은 무엇인가?

삶의 경계를 유연하게 확장할 수 있는 더 큰 존재로 성장하도록 돕는다.

+ 브랜드가 소비자에게 어떻게 비춰지기를 원하는가?

1) 관점이 있는: 관점/통찰력이 있는, 숙련된, 사려 깊은, 기준이 명확한, 튜터, 가정교사, 선생님, 선배.
2) 겸손한: 연결을 추구하는, 겸손한, 도움을 주고 싶은, 커뮤니티 매니저, 기획자, 운영자.
3) 적극적인: 디테일한, 호기심 많은, 적극적인, 잘 관리하는, 행동주의, 메이커, 만드는 사람, 결과를

| 내는 사람.

+ 브랜드의 시각적인 이미지를 만들기 위한 키워드는 무엇인가?
| 라디오, 에프엠, 주파수, 디제이.

커뮤니티: '누구'를 정의하기

누구나 그렇겠지만, 나는 이왕이면 내 뉴스레터가 남다른 뉴스레터가 되길 바랐다. 정보를 압축해서 전달하거나 쉽고 빠르게 돈 버는 방법을 알려 주는 뉴스레터가 되고 싶지도 않았다. 이런 생각을 하다 보니 결국 '내가 원하는 독자란 누구인가?'란 질문에 도달했다.

내가 원하는 독자라니? 흔히 비즈니스의 정석은 고객의 니즈를 찾아 해결하는 데 있다고 한다. 그래서 고객을 최우선으로 생각하라고 한다. 이런 생각 구조에서는 나의 욕망보다 고객의 욕망이 더 중요해진다. 스마트스토어를 하고 싶으면? 당신이 팔고 싶은 게 아니라 고객이 원하는 걸 팔아라. 유튜브를 하고 싶다면? 당신이 하고 싶은 얘기보다 구독자가 원하는 얘기를 하라.

그런데 내 생각에, 이건 유통업자에게나 해당되는 이야기다. 창작자나 미디어라면 자신이 하고 싶은 얘기를 해야 한다. 그 과정에서 세부 사항이 미세하게 조정될 수는 있겠지만, 결국 내가 하고 싶은 얘기를 하고 팔고 싶은 것을 개발하는 데서 시작해야 한다. 무엇보다 창작자는 세상에 자신의 생각을 맞추기보다 자신의 생각과 방향과 태도에 동의하는 사람들을 찾는 것이 중요하다. 그래야 그다음 단계로 나아갈 수 있다.

그래서 나는 내가 원하는 독자를 만들기로 했다. 독자를 발견하는 것이 아니라 발명하기로 결정한 것이다. '독자의 발명'이란 무엇일까? 한 명의 평범한 독자를 나만의 특별한 독자로 만드는 것이다. 그를 팬이라고 부를 수도 있겠지만, 그보다는 적극적인 관계다. 수신자와 발신자의 관계를 새롭게 구축하는 편에 가깝기 때문이다. 독자의 관심이나 세상의 트렌드를 좇는 대신 수신자와 발신자가 함께 고민하고 성장하는 관계. 내게 '독자를 발명한다'는 것은 바로 처음부터 이런 관계를 만드는 일이었다.

생각이 여기에 다다르자 질문이 해결되긴커녕 꼬리에 꼬리를 물고 다음 질문이 이어졌다. 일단 구독자, 독자, 고객이 아닌 뭔가 적당한 표현이 있을 텐데, 그게 뭘까? 이런 생각을 계속 이어 가다가 문득 예전에 읽은 책 『오가닉 미디어』의 한 구절이 떠올랐다. 페이스북 사례를 들어 '네트워크효과'를 설명한 부분인데, 핵심은 다음 문장이다.

> 네트워크의 가치는 노드(사용자)의 수가 아니라 링크(관계)의 수로 인해 결정된다. 이것은 새로운 비즈니스나 서비스를 시작하는 데 있어 매우 중요한 의미를 갖는다.

이게 무슨 뜻일까? 쉽게 말해 양이 아니라 질이 중요하다는 얘기다. 네트워크효과는 사용자의 규모가 아니라 연결성에 의해 발생하고, 그 효과가 만드는 가치는 기하급수적이다. 아무 상관 없는 사람 몇만 명이 모여 있다고 해서 네트워크 가치가 생기진 않는다. 극단적으로 말해 소셜미디어의 팔로워를 늘리는 것은 하나도 중요하지 않다. 소수라도 기존 사용자들이 서로 어떤 방식으로든 연결되어야 네트워크 가치가 발생한다.

나는 그 연결 관계가 상호 간의 믿음, 기대, 존중과 연대에 의해 구축된다고 생각했다. 다시 말해 내게 필요한 구독자는 단순히 내 이야기를 '뉴스 요약'처럼 읽는 사람이 아니었다. 내 글을 통해 내 생각이나 가치관과 연결되거나 연결되고 싶은 사람이어야 했다. 나는 이들을 동료라고 정의했다. 그럼으로써 미지의 그들과 좀 더 긴밀

하게 연결되기를 바랐다. 이전에 썼던 책 『마음의 비즈니스』에서도 동료라는 개념을 중요하게 다뤘다. 팬은 팔로어가 아니라 동료다. 마찬가지로 내가 원하는 독자는 내 글을 좋아하는 사람이 아니라 나와 함께 성장해야 할 동료였다.

내가 뉴스레터를 시작하면서 염두에 뒀던 것이 바로 이 점이다. 이 일을 왜 하는가라는 질문은 바로 나의 동료는 누구인가와 연결되었다. 그 접점을 찾으면 자연스럽게 그들과 마음의 공동체를 구성할 수 있으리라 생각했다. 하지만 한국 음악산업은 점점 확장되는데, 음악산업 종사자의 커뮤니티는 거의 없었다. 케이팝과 인디 음악 신은 분리되어 있고, 소규모 레이블부터 케이팝 기획사까지 계약이나 수익 정산, 음악저작권협회 등록이나 유통사와의 관계 설정, 유관 사업 관계자의 연락처 등등 음악산업의 복잡한 구조에 대한 정보를 찾기도 쉽지 않았다. 그래서 음악산업 종사자부터 서비스 기획자, 뮤직비디오 제작자, 음악 연구자와 저널리스트 등 주변 업계의 사람들을 모으면 서로서로 도울 수 있을 거라고 생각했다. 그래서 '뮤직 인더스트리 토크'MIT라는 이름으로 카카오톡 단톡방을 만들었고 오픈한 지 2년도 안 되어 1500명 정원이 다 찼다. 여기서는 업계 사람들이 질문도 하고 의견도 올리고 홍보도 한다. 지난 4년간 내가 제일 많이 들은 말은 '단톡방을 만들어 줘서 고맙다'였다.

콘텐츠: '무엇'을 정의하기

2019년 2월, 그러니까 뉴스레터를 시작하기 1년 전 나는 페이스북에서 간단한 설문을 진행했다. '음악 분야 뉴스레터에 대한 의견'이란 제목으로 48시간 동안 진행한 설문에 58명이 의견을 보냈다. 나는 페이스북에 나의 일상보다는 음악과 콘텐츠 업계의 뉴스나 이슈에 대한 생각을 더 많이 공유했기 때문에 팔로어가 업계 전문가부터 음악 팬까지 다양했다. 그래서 당시 뉴스레터를 고민하며 가볍게 사전조사를 해 보고 싶었다. 질문의 내용은 간단했다.

+ 뉴스레터에서 어떤 내용을 보고 싶고, 기대하나요?
+ 어떤 형태로 뉴스레터를 구독하고 싶은가요?
+ 유료 뉴스레터의 가격은 얼마가 적당한가요?
+ 유료 뉴스레터에 대해 어떻게 생각하나요?

이 간단한 설문은 뉴스레터의 방향을 정할 때 매우 유용한 정보가 되었다. 음악인 인터뷰, 플레이리스트, 글로벌 음악산업, 내 칼럼과 다른 필자들의 글. 이 결과를 기준으로 TMI.FM 뉴스레터에서 어떤 이야기를 할지 이리저리 궁리했다.

    2020년 4월 22일, '밤에도 일하는 사람들을 위한 뮤직레터'라는 제목으로 첫 레터를 보냈다. 콘셉트에 맞게 밤 9시에 맞춰서 발행했다. '밤에도 일하는 사람들'이란 문장에서 중요한 건 '밤에도'라는 부사였다. 내가 생각한 '밤에도 일하는 사람들'이란 야근이나 잔업이 아니라 '자기 자신을 위해 밤에도 일하는 사람들'이었다. 생계를 위해서 낮 시간을 쓰고, 밤에는 자신을 위해 시간을 쓰는 사람들. 내게 그들은 자신의 아이디어를 토대로 새로운 무언가를 만들고 싶은 창작자들이었다. 다시 말해, 나를 포함한 크리에이터나 아티스트는 대체로 '밤의 아이들'이었다. 그런데 밤에 일을 하다 보면 꽤 외롭다. 그때 곁에서 동료나 친구가 되어 준 게 심야 FM이었다. 나는 음악뿐 아니라 뉴스도 많이 들었다. 심야 FM에선 뉴스 전문 방송이라도 꼭 한두 곡의 음악을 소개했다. 그게 바로 심야 FM이다. 나는 내 뉴스레터가 그런 방송처럼 창작자들의 친구가 되길 바랐다.

    '심야 FM 라디오'라는 콘셉트에 맞춰 나는 매주 수

요일 밤 9시에 크리에이터의 고민이나 음악산업 이야기와 함께 노래 세 곡을 추천하는 레터를 보냈다. 디제이처럼 각 음악에 대해 짧은 글을 쓰고 홀로 일하는 창작자에게 도움이 될 만한 주제를 다뤘다. 음악의 가사와 주제를 연결시키거나 음악가의 커리어를 함께 살펴보는 식으로. 그저 가사나 멜로디가 좋은 노래라는 식의 뻔한 이야기는 최대한 지양하고 작곡가가 어떤 맥락에서 이 노래를 작곡했는지, 혹은 싱어송라이터의 커리어에서 어떤 의미를 갖는지 설명하면서 나와 독자의 공통된 고민을 담으려고 애썼다.

한밤중에 보내는 뉴스레터가 독특하다는 반응이 많았다. 전날 밤의 레터를 아침 출근길에 읽는다는 사람도 있었다. 밤에도 일하는 사람들의 고독감을 달래 주는 이야기를 공유하고 좋은 음악을 소개한다는 점에서 신이 났지만, 매주 정해진 시간에 뉴스레터를 보내는 건 쉬운 일이 아니었다. 그래서 10회를 보내고 2주를 쉬기로 했다. 라디오프로그램처럼 신청곡과 사연을 받는 설문지도 만들었다. 그 사연과 신청곡을 뉴스레터에 소개하면서 구독자도 조금씩 늘어났다. 몇 달 사이 구독자는 500명으로 늘었고 단골처럼 낯익은 아이디도 생겼다.

그런데 문제가 있었다. 바로 이 상태로는 어떤 식으로도 수익화가 불가능하리라는 점이었다. 처음부터 나는 유료 뉴스레터를 염두에 두었다. 설문조사도 그걸 위해서였다. 거기서 얻은 아이디어를 단계적으로 적용하려고 했지만 몇 개월 하다 보니 쉽지 않겠다는 생각이 들었다. 내가 전업 작가/칼럼니스트로 생활할 수 있었던 것은 미디어 덕분이었다. 대부분의 미디어는 흥미로운 콘텐츠를 무료로 공개해 사람들의 관심을 얻은 다음 광고로 수익을 냈다. 가장 관심이 높은 정치 경제 뉴스를 중심으로 그 주변에 문화와 기타 교양 정보를 실었다. 나도 그 구조에서 먹고살 수 있었다. 하지만 개인이 대량의 콘텐츠를 기반으로 규모의 경제를 만들어 광고 수익을 내기란 거의 불가능했다.

나는 뉴스레터로 적어도 한 달에 200만 원 이상은 벌어야 한다고 생각했다. 기존 미디어에서 내가 받는 원고료를 고려했을 때 최소한의 비용이었다. 이 비용을 만들지 못하면 뉴스레터는 아무리 많은 구독자를 얻어도 실패라고 생각했다. 독립적으로 일하는 사람에게 수익은 곧 이 일을 계속하게 만드는 동기였다. 이 정도의 수익을 올리려면 월 구독료가 적어도 5000원에서 만 원은 되어야 했다. 그런데 과연 심야 라디오 콘셉트의 뉴스레터에 사람들이 만 원을 지불할까? 그걸 가능케 하려면 어떤 가치를 더 보태야 할까? 이런저런 고민이 깊어졌지만 매주 마감을 하느라 쉽게 답을 내지 못했다. 물론 뉴스레터도 광고를 받을 수 있겠지만, 그러면 내가 하고 싶은 얘기를 마음대로 못할 것 같았다. 무엇보다 미디어의 광고 기반 수익 모델에서 벗어나 D2C(Direct To Customer)라는 새로운 구조를 만들고 싶었다.

또 다른 문제는 결제 시스템이었다. 2020년 한국에는 유료화가 가능한 뉴스레터 서비스가 없었다. 구글 설문지를 돌리고 개인정보를 주고받으며 구독자에게 직접 계좌이체를 받는 방법도 있었지만, 그건 자연스럽지가 않았다. 다만 여러 정황상 한국에도 뉴스레터 결제 시스템이 조만간 생길 거라는 믿음은 있었다. 시간문제라고 생각했다. 그래서 미래의 결제 시스템을 염두에 두고, 내게 적합한 유료화 방안을 더 깊이 고민하기로 했다.

수익화: '어떻게'를 정의하기

내가 처음 글을 쓰고 원고료를 받은 것은 1999년 겨울이었다. 갓 제대하고 동네 편의점에서 아르바이트를 하고 있었는데, 우연히 새로 창간된 만화 비평 월간지 『오즈』에서 음악 칼럼 필자를 모집한다는 공고를 봤다. 당시 나는 음악 칼럼을 쓰고 싶다는 열망이 높지는 않았다. 등단을 하고 싶어서 시와 소설을 쓰고 있었는데, 잡지에 칼럼을 쓰는 것도 왠지 근사할 것 같다는 생각이 들었다. 그래서 한국 인디 음반의 리뷰를 써서 응모했고, 이후 매달 A4 한 장 분량의 리뷰를 써서 기고할 수 있는 지면을 받았다. 원고료는 2만 원이었다.

이걸 계기로 2000년에는 웹진 『weiv』에 음악 리뷰를 쓰게 되었다. 한국 최초의 음악 웹진이었다. 『weiv』는 사회학, 경제학, 언어학, 문화인류학 등 다양한 전공과 취향을 가진 음악 팬들의 PC 통신 동호회 '얼트바이러스'에서 시작됐다. 초기 멤버 중에는 신현준, 양재영, 이기웅, 최지선, 이용우, 박정용, 김민규 등 한국 음악평론의 수준을 몇 단계 높이거나 음악 생태계에 기여하면서 새로운 흐름을 만들어 낸 선배들이 있었다. 그러나 별도의 수익모델은 없었다. 다시 말해 원고료가 없었다. 오히려 사무실 비용을 내느라 멤버들이 2만 원, 5만 원 등 운영비를 갹출했다. 우리끼리 '돈 내고 글 쓴다'는 농담을 나눈 적도 있었다. 그때는 그게 전혀 문제가 되지 않았다. 오히려 『weiv』에 리뷰와 칼럼을 쓴 덕에 패션잡지 청탁이나 라디오프로그램의 게스트 같은 일거리가 생겼다. 물론 생계를 유지하기엔 턱없이 부족했지만, 20대 후반의 내겐 과분한 경험이었다.

이후로 20여 년 동안 나는 모바일, 인터넷, 위성 DMB 방송국, 매거진, 콘텐츠 스타트업, 게임 스타트업, 음악 스타트업 같은 직장에 다녔고, 프리랜서 칼럼니스트/음악평론가로 살아왔다. 여러 프로젝트에 참여하고 몇 권의 책도 썼다. 하지만 이런 경험은 결국 인터넷 초기였던 2000년대, 20대, 직장인이라는 맥락에서 가능한 일이었다. 30대가 되고 본격적으로 전업 칼럼니스트로 살기 시작했을 때, '글 쓰는 일의 지속 가능성'은 반드시 해결해야만 하는 문제가 되었다. 좋아하는 일을 계속하기 위해 어떻게 돈을 벌 것인가. 30대 내내 이런 고민을 했다.

그러므로 나는 뉴스레터로 당연히 수익을 얻어야 했다. 하지만 그 구조를 만들기란 쉽지 않았다. 이슬아 작가는 월 구독료 만 원에 뉴스레터 '일간 이슬아'를 매일 보내 수많은 구독자를 얻었을 뿐 아니라 뉴스레터를 문화 현상으로까지 만들었다. 하지만 내가 쓰는 글로 그 정도 구독자를 얻을 자신은 없었다. 뉴미디어 언론사 '아웃스탠딩'이나 '더 밀크' '롱블랙' 등이 유료화를 시도하고 있었지만, 내가 참고할 모델은 아니었다. 그 밖에 다른 뉴스레터는 제품이나 서비스 판매를 위한 홍보가 일반적이었다. 해외에는 1인 뉴스레터로 수익을 얻는 경우가 꽤 있었지만, 대부분 창업이나 주식, 테크 이슈를 전문으로 다뤘다. 게다가 그런 뉴스레터의 발행인은 주로 자신의 스타트업을 대기업에 큰 금액으로 매각하고 엑싯한 창업가 출신이거나 구글 혹은 페이스북 같은 빅테크기업의 임직원이었다. 참고할 내용은 있었지만 현실적으로 나와는 거리가 멀었다. 결국 나는 내게 맞는 유료화 방식을 고안해 내어야만 했다.

보통 유료 뉴스레터의 수익 구조는 다음과 같이 단순하다.

> 월 구독료
> 월 구독료 + 디지털 상품
> 월 구독료 + 디지털 상품 + 온/오프라인 이벤트

월 구독료를 늘리기 위해선 전체 파이를 키워야 한다. 그래서 유료/무료 콘텐츠를 따로 운영하기도 하고, 매일 유료 콘텐츠를 업데이트하기도 한다. 수익성을 높이기 위해 PDF로 된 리포트나 전자책 같은 디지털 상품을 별도로 판매하거나 온/오프라인 이벤트를 열기도 한다. 이 중에서 내가 선택할 수 있는 것은 오직 월 구독료로 운영하는 것뿐이었다. 1인 체제로서 현실적인 방법이었다.

2019년 설문조사를 다시 살펴봤다. 조사 결과 내 뉴스레터에 사람들이 가장 기대하는 것은 '음악 업계 인물들의 인터뷰'와 '글로벌 음악산업에 대한 칼럼'이었다. 여기서 지속적인 발행을 위한 몇 개의 키워드를 새로 찾을 수 있었다. 바로 아카이브, 롱테일, 인디펜던트였다.

(1) 아카이브: 디지털 콘텐츠는 휘발되지 않는다.

흔히 디지털 콘텐츠는 쉽게 휘발된다고들 말한다. 금방 인기를 얻는 만큼 금방 사라진다는 이야기다. 하지만 나는 다르게 생각한다. 디지털의 특징이야말로 아카이브다. 휘발되는 것은 전체 디지털 콘텐츠의 일부다. 대부분은 어딘가에 쌓인다. 게시판에, 블로그에, 인스타그램과 틱톡 피드에 콘텐츠가 켜켜이 쌓인다. 아카이브야말로 인터넷비즈니스의 핵심인 것이다. 이것을 공식으로 만들면 다음과 같다.

아카이브 = 콘텐츠 × 시간

아카이브는 시간에 비례해 누적된 콘텐츠다. 이게 왜 중요할까? 신뢰를 만들기 때문이다. 콘텐츠를 큐레이션하는 인스타그램 채널을 생각해 보자. 알고리즘으로 갑자기 눈에 띈 콘텐츠가 재밌어서 계정에 들어간다. 그때 우리가 제일 먼저 하는 게 피드 스크롤이다. 이 계정에 내가 좋아할 만한 콘텐츠가 얼마나 쌓여 있는지 살펴본다. 몇몇 재미있는 글이 눈에 들어오면 스크롤을 계속 내리면서 그 계정의 히스토리도 확인한다. 첫 콘텐츠가 언제 올라왔는지, 얼마나 자주 업데이트되는지, 댓글은 또 얼마나 많고 어떤 내용인지, 구독자와 어떤 관계를 맺고 있는지 등등을 살펴본다. 시간도 오래 걸리지 않는다. 쭉 훑어 내리면 그만이다. 그 과정을 통해 이 채널을 운영하는 사람의 깊이(콘텐츠)와 노력(시간)을 파악한다. 요컨대 아카이브는 진정성을 가늠하는 기준이 된다.

 이게 바로 아카이브의 힘이고, 시간의 축적이 만들어 내는 가치다. 계정을 운영하는 사람, 다시 말해 크리에이터가 얼마나 오래 이 계정에 공을 들였는지, 이 콘텐츠에 몰입했는지 바로 확인할 수 있다. 그 과정에서 신뢰가 생긴다. 간판에 'since 1999'라고 적힌 식당에 주저 없이 들어가는 것과 비슷하다. 정보 과잉 환경에서 신뢰는 매우 중요하고 대체 불가능한 자원이다. 이러한 신뢰를 기반으로 상호작용이 일어난다. 관계도 생기고, 커뮤니티도 만들어지며, 구매와 결제도 이뤄진다. 뉴스레터도 마찬가지다.

(2) 롱테일: 시간을 내 편으로

롱테일법칙은 인터넷비즈니스의 상식처럼 여겨지는 개념이다. 전통적인 시장 구조에서는 상위 20퍼센트의 매출이 전체 매출의 80퍼센트를 이룬다는 파레토법칙이 상식이었다. 그러나 인터넷 시장에서는 오히려 하위 80퍼센트가 전체 매출을 리드하는 현상이 벌어진다. 2004년 『와이어드』 매거진의 크리스 앤더슨이 아마존닷컴의 매출을 분석하며 처음 소개한 이 개념은 이후 구글 애드센스, 넷플릭스 등에도 적용되면서 IT 사업의 일반적인 개념이 되었다. 책을 예로 들면, 한두 권의 베스트셀러가 전체 매출을 이끌 것 같지만 정작 베스트셀러는 초기 매출을 끌어올린 뒤 소멸한다. 반면 초반에 큰 반응을 얻지는 못했어도 사람들이 꾸준히 찾는 책은 오랫동안 매출을 내는 스테디셀러가 된다는 얘기다. 이걸 인터넷비즈니스에 적용하면, 지속성의 핵심은 틈새시장에 있다는 뜻이자 거기서 누적된 가치가 더 큰 가치를 만든다는 뜻이기도 하다.

롱테일현상은 시간의 누적을 전제로 한다. 뉴스레터의 롱테일은 말 그대로 레터가 쌓일수록, 오랫동안 많

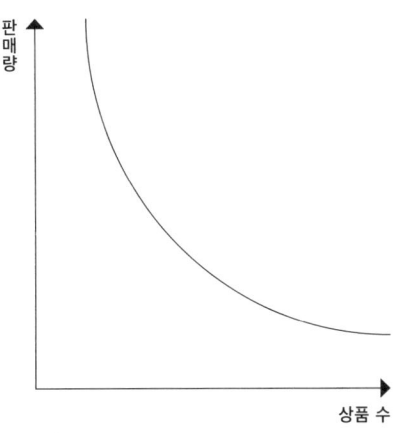

롱테일 그래프

이 발행할수록 가치가 생긴다는 뜻이다. 그런데 얼마나 오래 해야 할까? 정해진 기간은 없지만 아마 몇 개월이나 1년 정도는 아닐 것이다.

 나는 『와이어드』에서 롱테일현상을 분석한 시기가 2004년이라는 걸 떠올렸다. 아마존닷컴은 1995년에 사업을 시작해 1997년에 상장했다. 크리스 앤더슨은 이 개념을 설명하기 위해 7~10년의 데이터가 필요했을 것이다. 넷플릭스는 어땠을까? 스트리밍서비스를 시작한 2007년 매출은 12억 5백만 달러였지만, 2010년엔 21억 630만 달러로 두 배 가까이 성장했다. 그리고 매 3년마다 매출이 두 배 가까이 증가하는 성장세를 계속 유지했다. 롱테일법칙으로 넷플릭스의 성장을 분석하려면 최소 3년의 데이터를 기준으로 삼아야 할 것이다. 물론 이게 정교한 분석은 아니다. 하지만 아마존닷컴의 1997년과 넷플릭스의 2007년 사이 환경의 차이를 고려해도, 최소 3년에서 7년은 꾸준히 해야 롱테일현상이 일어날 거라고 생각했다. 역시, 무슨 일에든 시간이 필요하다.

(3) 인디펜던트: 선택의 자유!

'인디펜던트/인디'란 말은 장르나 철학이 아니라 경제적인 개념이다. 음악에서 인디펜던트는 1970년대 런던의 펑크 신으로부터 파생됐다. 1970년대 영국에서는 경제 불황과 취업난 그리고 자본주의를 비판하는 음악으로 자본주의에서 성공한 핑크 플로이드 같은 거물 밴드에 대한 반감으로 인해 단순하고 공격적인 사운드와 비판적인 태도를 선호하는 젊은이가 늘어났다. 섹스피스톨스와 더 클래시 같은 펑크 밴드는 핑크 플로이드와 달리 거대 자본에 기대지 않고 직접 음반을 만들어 유통하고 판매하는 독립 구조를 만들었다. 이런 맥락에서 인디 밴드, 인디 레이블, 인디 유통사 같은 개념이 탄생했다.

'인디'가 장르처럼 여겨지는 요즘에도 본질적인 요소는 남아 있다. 생산, 유통, 판매를 직접 하는 것. 그 과정을 직접 경험하는 것. 그걸 통해 자립하는 것. 그래서 내게 인디는 규모가 작거나 돈이 없거나 소박한 취향이란 뜻이 아니라 자체 시스템을 구축해 더 많은 가치와 지속성을 만드는 개념이다. 생각해 보라. 최소한의 자기 자본으로 자신의 아이디어를 사업화해 성공시키는 인디펜던트만큼 자유로운 존재도 없을 것이다.

인디펜던트의 핵심은 두 가지다. 하나는 의사결정권인데, 직장인이라면 공감할 것이다. 유능한 직원이 100퍼센트의 노력을 기울여 성공시킨 프로젝트의 모든 권리는 회사에 종속된다. 사업가도 마찬가지다. 자신이 개발한 제품을 판매하려고 큰 투자를 받으면 의사결정권은 투자자와 이사회로 넘어간다. 그래서 인디펜던트는 규모가 아니라 권리의 문제다. 두 번째가 바로 이런 자립을 위한 유통, 판매 구조다. 이 구조는 지속적인 구매 집단에게서 나온다. 이들은 최저가 같은 것에 휘둘리는 사람들이 아니다. 아티스트의 생각, 브랜드의 철학 같은 것에 마음이 움직이는 사람들이다. 가치관과 비전에 동의하는 사람들이다. 나는 이들을 팬보다는 동료라고 부르고 싶다. 인디펜던트에게는 무엇보다 동료가 필요하다.

아카이브, 롱테일, 인디펜던트는 내가 뉴스레터를 시작하며 가장 중요하게 생각한 세 가지 기준이었다. 이를 지키기 위해 많은 고민을 했다. 이 고민은 결국 두 개의 질문으로 수렴되었다. 어떻게 수익을 만들 것인가? 그리고 어떻게 수익을 키울 것인가? 세 가지 기준과 두 개의 질문은 유기적으로 연결되어 있다. 그걸 토대로 각 질문에 대한 계획과 방법을 다음과 같이 정리했다.

	아카이브	롱테일	인디펜던트
어떻게 수익을 만들까	조회수에 집중하지 않기	3년 뒤에도 읽히는 콘텐츠 만들기	빠르게 실험하고 실패하며 배우기
어떻게 수익을 키울까	꾸준히 업데이트하기	믿을 만한 콘텐츠 만들기	동료가 모일 커뮤니티 구축하기

나는 세 가지 기준과 두 개의 질문을 나침반으로 뉴스레터 유료화를 설계하기 시작했다. 여러 실험을 하면서 독자의 반응과 나의 심리를 확인했다. 쉽지 않았다. 쉬울 리도 없었다. 하지만 시간을 쓰는 것이야말로 우리 인디펜던트가 잘하는 일이다. 누군가 빨리 성과를 내고 싶어 할 때 우리는 시간을 들여 무언가를 만든다. 나는 이왕이면 시간을 정말 잘 쓰는 사람이 되고 싶었다. 나의 가장 큰 바람이었다.

3

뉴스레터 연대기: 읽고 쓰고 생각하라

2025년 4월, 뉴스레터 발행 5년 차가 되었다. 매주 글을 쓰는 게 쉬운 일은 아니었지만, 사실 나는 뉴스레터로 일상의 리듬을 만들고 있었다. 혼자 닥치는 대로 일하던 과거에는 루틴도 없이 아무 때나 먹고 자고 일했는데, 뉴스레터는 그렇게 운영하기 싫었다. 되도록 오랫동안 꾸준히 하고 싶었기 때문이다.

처음 몇 달은 그럭저럭 하고 싶은 얘기를 제때 잘 쓸 수 있었다. 하지만 3개월쯤 지나자 루틴이 어그러지기 시작했다. 쓰고 싶은 주제가 너무 많아진 것이다. 글쓰기 속도는 느려졌다. 남들이 다루지 않는 주제에 강박적으로 매달리느라 소재를 찾고 주제를 정리하고 글을 시작하고 다듬는 모든 과정이 복잡해졌다. 아무 때나 먹고 아무 때나 잠들기 시작했다. 루틴이 깨졌다. 매일 몇 명이 구독을 취소하고 몇 명이 새로 구독했는지 같은 작은 숫자에 집착하기 시작했다. 하루하루가 다시 불안해졌다.

어떤 글을 써야 남들과 다른 나만의 관점을 보여 줄 수 있을지 고민하느라 만성 스트레스에 시달렸다. 기대만큼 좋은 결과가 나올지도 알 수 없었다. 하지만 5년 동안 뉴스레터를 발행해 보니, 애초에 이 일은 그런 것이었다. 이리저리 구르면서 그때 그때 내게 맞는 방향과 방법을 찾을 수 밖에 없다는 것을 이제는 안다. 2020년부터 2025년까지 매년 어떤 일이 있었는지, 그때마다 내가 무엇을 고민하고 어떻게 대응했는지 정리해 보려고 한다.

2020년: 밤에도 일하는 사람들을 위한 뮤직레터

 전 세계 사람들이 가장 많이 사용한다는 미국의 메일침프 서비스에 뉴스레터 계정을 만들고, 소셜미디어에 뉴스레터를 시작한다는 공지를 올렸다. '밤에도 일하는 사람들을 위한 뮤직레터'라는 이름이 너무 길어서 밤레터라고 불렀다. '밤레터'는 언제나 이렇게 시작했다. "안녕하세요, 디제이 차우진입니다." 첫 레터를 보내던 밤, 차에 앉아 이 인사말을 혼자 중얼거려 보았다. 조금 부끄러웠다. 그래도 행복했다.

 첫 레터에 나는 이렇게 썼다.

> '자유로운 삶'이라는 말로 첫 편지를 시작해 봅니다. 그동안 프리랜서로 일하면서 "자유롭고 좋겠네요?"란 말을 자주 들었습니다. 그런데 '자유로운 삶'은 뭘까요? 저는 어떤 상황을 주도할 때의 감각인 것 같아요. 내가 선택할 수 있고, 결정할 수 있고, 예측하고 감당할 수 있는 상태요. 그런데 사실 프리랜서가 아니라 회사원도 그렇게 일할 기회가 생기곤 합니다. 저는 조직에 있을 때 그 기회를

> 많이 놓쳤습니다. 잘 모르고 서툴렀죠. 이건 단순히 권력이나 권한의 문제는 아닙니다. 오히려 '관점'의 문제였던 것 같아요. 관점이 있어야 기준이 생기고, 기준이 있어야 뭔가를 결정할 수 있으니까요. 내가 선택하고 결정하고 예측하고 감당하려면 나만의 기준이 필요합니다. 다시 말해, 혼자 일하든 함께 일하든 기준 없이 일할 때 우리는 자유롭지 않은 존재로 전락할 가능성이 높아질 겁니다.

그리고 몇 달의 시간이 지났다. 간간이 구독자에게서 답장도 받았다. '분명 이메일인데 마치 라디오를 듣는 것 같은 기분이 들었다'는 내용부터 '오래전 즐겨 듣던 심야 라디오 같다'는 얘기까지. 기대했던 반응이라 기쁘고 독자와 이메일로 이런 감각을 공유하는 것도 즐거웠다. 심야 라디오처럼 이메일(주소는 dj@tmi.fm이었다)이나 게시판으로 짧은 사연과 신청곡을 받고 그중 한두 개는 뉴스레터에도 소개하면서 독자와의 관계를 형성해 갔다. 같은 해 11월, 구독자가 300명을 넘었다. 첫 레터를 보낸 4월 22일부터 11월까지 매달 거의 같은 비율로 구독자가 늘었다. 7개월 동안 구독자 300명이 생겼다는 사실보다 매달 거의 비슷한 비율로 꾸준히 구독자가 늘었다는 사실이 더 중요하게 느껴졌다.

문제는 수익 구조를 만드는 일이었다. 당시에는 자체적으로 결제를 지원하는 뉴스레터 서비스가 없어서 유료화하려면 구독자에게 내 계좌번호를 알려 주고 구독료를 이체해 달라는 요청 메일을 따로 보내야 했다. 나로서는 너무 큰 부담이었다. 물론 결제 시스템은 시간이 지나면 해결될 문제라고는 생각했지만, 핵심은 다른 데 있었다.

+ 내 콘텐츠가 과연 매달 돈을 내고 받아 볼 만한 내용일까?

2020년 가을, 뉴스레터 생태계가 본격적으로 확장되고 있었다. 미국에서는 뉴스레터 전문 서비스인 서브스택이 빠르게 인기를 끌었고, 국내에서도 퍼블리, 브런치, 텀블벅 등을 통해 1인 미디어 실험이 조금씩 시도되고 있었다. 특히 서브스택은 1인 창작자를 위한 수익화

시스템을 제공하면서 크게 주목받았다. 나도 서브스택으로 옮길까 고민했지만, 한국 거주자는 서브스택의 결제 서비스를 이용하기 어렵다는 걸 알고는 한국에서 비슷한 서비스가 나오길 기다려 보기로 했다.

그러다 코로나19 바이러스가 매우 빠르게 확산되며 전 세계를 격리시켰다. 팬데믹 시대가 열렸다. 행사뿐 아니라 단체 모임도 어려워졌다. 음악 생태계가 전 세계적으로, 갑자기, 크게 바뀌기 시작했다. 공연으로 생계를 유지하던 아티스트들이 팬들의 후원을 받거나 티셔츠를 팔기 시작했다. 밴드캠프Bandcamp나 패트리온Patreon처럼 구독자와 창작자를 직접 연결하는 D2C 플랫폼이 대안 모델로 떠올랐다.

그러던 12월 어느 날, '메일리'라는 신생 뉴스레터 서비스 업체의 대표가 보낸 메시지를 받았다.

"혹시 뉴스레터 유료화를 준비하신다면 메일리가 도움이 되지 않을까 싶어 불쑥 메시지를 드렸습니다. 괜찮으시면 한번 찾아뵙고 인사드리고 싶네요."

메일리는 젊은 개발자가 혼자 운영하는 서비스였다. 부가 기능과 글쓰기 에디터 프로그램이 깔끔하고 무엇보다 약간의 수수료를 내면 유료 결제가 가능했다. 시간이 지나면 결제 시스템을 제공하는 서비스가 등장하리란 예감이 적중했다. 문제는 콘텐츠였다. 구독자가 유료 결제를 할 만한 콘텐츠란 결국 빠른 정보 아니면 깊이 있는 분석일 터였다. 내가 깊이 분석할 수 있는, 남들과 다른 이야기를 할 수 있는 분야가 뭘까? 아무리 생각해도 음악 산업이었다. 당시 스포티파이가 한국에서 사업을 시작할 거라는 소문이 돌았다. 때마침 등장한 따끈한 이야깃거리와 내가 잘 아는 주제라니…… 첫 유료 콘텐츠로 제격이라 생각했다. 스포티파이에 대한 콘텐츠를 하나둘 정리하기 시작했다. 그렇게 나는 메일리 서비스로 옮겨서 유료 뉴스레터를 준비했다.

2021년: 뉴스레터만으로 유료화가 가능할까?

2021년 1월, 나는 월 구독료 만 원을 받고 뉴스레터를 유료화했다. 오랫동안 고민한 유료화를 비로소 시작했으니 이제 열심히 쓰기만 하면 되겠다고 생각했다. 하지만 아니었다. 유료화는 단지 시작일 뿐이었다. 2021년부터 2025년 현재까지 뉴스레터 유료화는 내게 끝없이 이어지는 실험의 연속이(었)다.

기존 '밤레터'는 무료로, 음악산업에 관한 레터는 유료로 구분해 발행했다. 음악산업에 관한 레터에는 '글로벌 음악산업의 변화에 빠르게 대응한다'는 의미로 '드래프트 브리핑'이라는 이름을 붙였다. '드래프트 브리핑'은 국내뿐 아니라 해외 뉴스나 리포트도 살펴봐야 했기 때문에 생각보다 준비할 게 많았다. 그러다 보니 시간이 지날수록 '밤레터'에 소홀해질 수밖에 없었다. 하지만 '밤레터'의 구독자가 이미 300명이나 있었고, 심야 라디오 디제이라는 콘셉트가 좋아서 '밤레터'를 없애고 싶지는 않았다. 그래서 조금 무리하더라도 일주일에 한 회씩 나눠서 발행하기로 정했다. '밤레터'에는 정서적인 무드가 필요하고, '드래프트 브리핑'에는 정확한 정보와 남다른 분석이 필요했다. 성격이 완전히 다른 두 콘텐츠를 동시에 기획하고 발행하기란 쉽지 않았다. 또한 갈수록 효율이 떨어질 게 분명했기에 두 방향성 사이에서 어떻게 균형을 잡을지 고민이 깊어졌다.

한편 나는 카카오톡에 음악산업 관계자를 위한 단톡방을 만들었다. 2021년 1월 9일이었다. 이름은 '뮤직 인더스트리 토크'. 지난 20여 년간 나는 음악평론가, 문화평론가, IT 서비스 기획자, 엔터 전문 기자, 콘텐츠 기획자, 패션잡지 칼럼니스트, 정부 지원 사업 심사위원, 모바일콘텐츠 기획자 등등으로 불렸고, 그 과정에서 IT 업계, 인디음악 업계, 케이팝 업계, 방송업계, 매거진과 브랜드 업계 등에 다양한 인맥도 생겼다. 나는 이러한 관계로부터 꽤 많은 도움을 받았는데, 나중에야 대부분의 업계 관계자가 나와 다르다는 사실을 알게 됐다. 이 커뮤니티를 만든 이유는 단순했다. 음악과 엔터 산업이 급변하는 시대인 만큼 실무자에게 다양하고 느슨한 공동체가 더더욱 필요하다고 생각했기 때문이다. 또한 커뮤니티가 뉴스레터 구독자의 확장에도 분명 도움이 될 거라 생각했다. 뉴스레터를 시작하기 전에 조사한 해외 뉴스레터나 뉴미디어는 대부분 슬랙이나 디스코드에 자체 커뮤니티를 운영했기 때문이다. 나는 이 단톡방 가입 링크를 뉴스레터 구독자에게만 공유했다.

'뮤직 인더스트리 토크' 단톡방은 입소문을 타며 매우 빠르게 성장했다. 사람만 많아진 게 아니었다. 산업의 전망부터 실무적인 부분까지 매우 사려 깊고 세세한 대화가 쌓여 갔다. 이 단톡방은 1년 만에 최대 정원 1500명을 채웠고, 2025년 4월에 카카오 오픈채팅방의 정원이 2000명으로 늘어날 때까지 몇 년 동안 들어가고 싶어도 들어갈 수 없는 음악 업계의 대표 커뮤니티가 되었다.

2021년은 뉴스레터처럼 1인 창작자를 위한 서비스가 대거 등장한 해이기도 했다. 1월 새해부터 '클럽하우스'가 유행했다. 2020년 4월 미국에서 서비스를 시작한 클럽하우스는 음성 기반 소셜미디어였는데, 당시 팬데믹 상황과 맞아떨어지며 폭발적인 인기를 얻었다. 일본에서 이미 유명했던 클럽하우스는 한국에서도 소수의 열정적인 사람들이 사용하면서 화제가 되었다. 아이폰에서만 이용할 수 있고 누군가에게 초대를 받아야만 가입할 수 있는 폐쇄성 때문에 초기에는 비판도 받았지만, 동시에 신뢰성과 전문성을 인정받기도 했다. 뉴스레터는 아니지만 개인의 영향력 측면에서 상당히 중요한 서비스였고, 나 또한 클럽하우스에서 매일같이 음악, 뉴스레터, 인디펜던트에 대한 주제로 세션을 열면서 사람들을 만났다.

같은 시기에 '비스테이지'라는 SaaS(Software as a Service)도 등장했다. 위버스를 개발한 핵심 인물들이 설립한 스타트업 비마이프렌즈가 제공하는 서비스였다. 1인 창작자, 인디 아티스트, 케이팝 기획사 등 콘텐츠를 운영하는 이들이 월 구독료를 내고 글로벌 팬덤 비즈니스 운영에 도움을 받는 서비스였다.

2021년 5월에는 네이버 프리미엄 콘텐츠의 '클로즈' 베타 서비스가 시작되었다(정식 서비스는 2022년 2월 18일에 출시했다). 구독형 1인 미디어인 네이버 프리미엄 콘텐츠는 처음엔 언론사, 출판사, 전문가 등을 섭외했지만 1년 뒤에는 누구나 가입할 수 있는 서비스로 바뀌었다. 콘텐츠 발행뿐 아니라 유료 결제까지 지원했기 때문에 기존 언론이나 출판사의 높은 관심을 받았다.

여름에는 '블루닷'이라는 뉴스레터 기반 1인 미디어

서비스도 생겼다. '미디어스피어'라는 스타트업이 만든 서비스였는데, '닷페이스' '디에디트' '뉴닉' 등에 초기 투자한 메디아티의 주요 멤버들이 설립한 곳이었다. 유명 번역가이자 인플루언서 박상현 칼럼니스트의 뉴스레터인 '오터레터'가 블루닷을 기반으로 만들어졌다.

    공교롭게도 나는 이 모든 서비스와 직간접적으로 관계가 있었다. 적어도 2021년부터 한국에서 유료 뉴스레터를 본격적으로 시작한 사례가 나 말고는 거의 없었기 때문에 비스테이지, 네이버 프리미엄 콘텐츠, 블루닷, 스티비 같은 여러 구독형 뉴스레터 전문 서비스로부터 제휴, 이전, 협업 등에 대한 연락을 받고 적어도 한 번 이상 만나 이런저런 얘기를 나눴다. 그 밖에 뉴스레터 전문 미디어, 뉴스레터 발행인, 유튜버, NFT 아티스트 등 새로운 시장에서 지속 가능한 수익과 영향력을 고민하는 크리에이터도 분야와 상관없이 만났다. 모두가 각자의 방식으로 콘텐츠의 밀도와 수익화를 고민했다. 바야흐로 어떤 변화가 시작되는 것 같으니 함께 뭔가를 해 보면 좋겠다는 얘기를 주로 나눴다.

    2021년에 내가 선택한 유료화 방식은 시간차를 두

고 무료와 유료 콘텐츠를 구분하는 것이었다. '기다리면 무료(2주 뒤 무료로 전환되는 콘텐츠)'와 '기다려도 유료(무료로 전환되지 않는 콘텐츠)'로 구분했는데, 이는 웹툰의 방식을 참고한 것이다. 그런데 얼마 안 가 이런 방식은 유료 전환에 큰 도움이 되지 않는다는 걸 깨달았다. 웹툰처럼 욕망을 자극하는 엔터테인먼트 콘텐츠는 기다림을 못 견디게 만들지만, 뉴스레터 같은 정보성 콘텐츠는 기다림과 아무 상관이 없었기 때문이다. 그러다 본질적으로 정보성 콘텐츠가 과연 유료화에 적합한지 의문이 들었다. 특히 나는 2000년 초반에 포털의 뉴스 서비스 기획팀에 있었고, 급변하는 업계 한복판에서 전문 기자로도 활동했고, 인터넷 웹진을 기반으로 한 평론가이자 칼럼니스트로서 미디어 산업의 구조 변화를 직접 경험하기도 했다. 그런 입장인 만큼 지금의 미디어 환경이 독점적인 정보, 다시 말해 돈 받을 만큼의 가치가 있는 정보를 배포하는 데 적절하지 않음을 너무 잘 알았다. 블로그와 게시판과 소셜미디어가 기존 미디어를 대신하는 상황에서 다양한 서비스를 경험하고, 다양한 사람을 만나고, 다양한 사례를 고민했던 경험이 내 생각을 바꿨다. 이전엔 스스로에게 이렇게 질문했었다.

+ 내 콘텐츠가 과연 매달 돈을 내고 받아 볼 만한 내용일까?

그런데 시간이 지나면서 질문은 이렇게 바뀌었다.

+ 사람들이 기꺼이 돈을 낼 콘텐츠는 무엇일까?

두 질문은 얼핏 비슷해 보이지만 완전히 다르다. 전자의 주인공은 나다. 내가 팔고 싶은 것을 고민한다는 얘기다. 후자의 주인공은 너다. 네가 사고 싶은 것을 팔겠다는 얘기다. 질문이 바뀌자 내가 쓰는 것, 애초에 내가 하고 싶었던 것, 나아가 내 정체성과 커리어와 비전 전부를 원점부터 다시 생각하게 되었다. 사람들이 원하는 것과 내가 제공하고 싶은 것의 차이는 무엇인가. 그 차이는 어디서부터 오는가. 보통 사업이란 남이 사고 싶어 하는 것을 팔 때 성립된다고 한다. 하지만 내게 그것은 제품이나 생필품에 국한되는 이야기였다. 내가 제공하는 것은 정보와 지식을 기반으로 한 관점이었다. 그리고 이건 살아가는 데 반드시 필요한 건 아니었다. 내 딜레마는 바로 거기에 있었고, 나와 너의 간극을 줄이기 위해 정말 치열하게 고민할 수밖에 없었다.

2021년 3월, 뉴스레터의 유료 구독자가 두 달 만에 100명을 넘었다. 뉴스레터만 써서 월 100만 원의 매출을 올린 것이다. 월 100만 원 매출을 위해 나는 뉴스레터를 일주일에 2~3회 발행하고 거의 매일 밤을 새웠다. 사업과 수익이란 관점에서 보면 말도 안 되게 적은 돈이었다. 생계비를 벌기 위해 일간지, 주간지, 월간지, 온라인 미디어에 글을 쓰거나 강의를 하거나 방송에 출연하는 등 다른 일을 해야만 했다. 덕분에 시간이 늘 모자랐다. 프리랜서로 열심히 일했던 30대 중반에도 시간이 모자라고 수입도 부족했지만 신나고 즐거웠다. 그때는 내가 성장하고 있음을 분명히 느낄 수 있었다. 그러나 40대 후반이 되자 그렇지 않았다. 막연하고 불확실한 내일을 위해 현재를 몰빵하는 기분이었다. 불규칙한 생활로 건강을 망칠까 두려웠다. 늙어서 아무것도 이룬 게 없을까 무서웠다. 어느 날 내가 지금 대체 뭘 하는 건지 모르겠다는 생각이 들었다. 이대로는 안 되겠다 싶었다.

그래서 여름이 되기 전에 '밤레터'를 종료했다. 정보성 콘텐츠에 집중하기 위해서였다. 매주 음악 업계의 뉴스를 몇 개의 헤드라인으로 정리하고, 거기서 특정한 주제를 골라 더 깊이 파고들었다. 음악뿐 아니라 테크와 미디어 업계의 변화도 체크했다. 매일 영어로 구글 뉴스 키워드를 검색하고 국내외 논문도 뒤졌다. 여전히 시간은 부족하고 너무나 피곤했지만, 전에 비해 어디로 갈지가 조금은 명확해졌다.

다만 내 콘텐츠의 구독자가 누구인지 정확하게 손에 잡히지 않았다. 내가 발행하는 뉴스레터를 어떤 사람이 구독하는지 알아야 그들이 원하는 키워드를 더 정확하게 맞추고 주제나 방향도 잘 정리할 수 있을 텐데, 그게 어려웠다. 구독자의 이메일 도메인을 보면 대부분 G메일이나 네이버 메일이었다. 가끔 기업 메일도 보였다. 하이브, SM, YG 같은 케이팝 회사도 있었지만 넥슨, 크래프톤 같은 게임 회사나 대형 리서치 회사도 있고 난생처음 보는 회사 도메인도 있었다. 나는 이 도메인을 검색하거나 틈틈이 키워드를 바꿔 가며 트위터, 인스타그램, 블로그, 게시판을 훑어보고 뉴스레터가 어떻게 공유되는지 찾았다. 취준생이나 저연차 직장인이 스터디하면서 정리한 내용이 보였다. 혹은 케이팝 팬들이 덕질하는 게시판에 공유한 글도 보였다. 다시 말해 내 뉴스레터 구독자는 팬덤, 대학생, 직장인까지 매우 폭넓게 분포되어 있었다. 다시 원점으로. 누구에게 맞춰야 전환율이 높아질지 고민이 이어졌다.

그러던 어느 여름날, 뉴스레터를 쓰느라 거의 밤을 새운 아침에 갑자기 페이스북 메시지 알림이 울렸다. "TMI.FM 너무 잘 보고 있습니다. 많이 배우고 있습니다"라는 짧은 메시지였다. 중요한 건 내용이 아니라 메시지를 보낸 사람이었다. 『매거진B』의 발행인이자 당시 막 카카오의 공동대표 임기를 마친 조수용 JOH 대표였다. 조수용 대표와 나는 일면식도 없었기 때문에 이 갑작스러운 연락에 나는 당황하기도 하고 기쁘기도 해서 바로 답장을 보내지 못했다. 너무 짧게 쓰면 무례해 보일 것 같고, 너무 길게 쓰면 가벼워 보일 것 같았다. "고맙습니다. 저도 대표님에게 많이 배우고 있습니다." 간신히 이런 무난한 내용의 답장을 보냈다. 그 뒤로 대화는 이어지지 않앉고 조수용 대표를 바로 만나지도 못했지만(그를 만난 건 이 일이 있고서 몇 년이나 지난 뒤였다) 내게 이 순간은 매우 중요했다. 내 고민의 방향을 완전히 바꾸고 새로운 질문을 던지는 계기가 되었기 때문이다.

+ 내 뉴스레터의 진짜 독자는 누구일까?

나는 내 뉴스레터의 구독자를 2030 직장인으로 생각했기 때문에 더 짧고 쉽게 레터를 써야겠다고 생각했지만 쉽지 않았다. 그래서 "뉴스레터가 좋은데 내용이 너무 어렵다"는 피드백을 받을 때마다 난감했다. 특히 당시 뉴스레터를 비롯해 거의 모든 미디어가 MZ세대가 선호하는 문법과 표현을 강조했는데, 내 글과 생각이 이런 시대와 잘 어울리지 못한다는 생각에 조금 우울하기도 했다. 그런데 조수용 대표의 메시지가 바로 이 고민에 대한 힌트를 주었다.

애초에 나는 그렇게 대중적인 칼럼니스트가 아니었다. 베스트셀러도 없고, 인기 있는 비평가도 아니었다. 특히 엔터 문화 산업에 대한 내 관점은 일간지나 월간지에 실리기에는 지나치게 전문적이거나 독특하다는 반응이 많았다. 그런데 조수용 대표 같은 사람이 내 글에 관심을 가지고 있다니! 그렇다면 내 독자는 조수용 대표처럼 남다른 방식으로 큰 성과를 낸 사람들이 아닐까? 독창적인 방식으로 사업을 키운 경영자들이 내 뉴스레터를 참고삼아 읽는 건 아닐까? 이런 생각을 하게 된 것이다. 물론 내 얘기가 그들에게 도움이 될지 아닐지는 알 수 없지만, 적어도 그들에게 닿을 수 있다는 상상을 하는 것만으로도 내 속에서 어떤 변화와 확신이 생겼다. 오케이, 뉴스레터가 어렵다는 얘기는 신경 쓰지 말자. 그저 내 방식에 집중하자. 내 관점을 더 깊이 다듬어 보자.

독자에게 친절한 것과 중요한 맥락을 생략하는 것은 다르다. 쉽게 쓰는 것과 짧게 쓰는 것도 다르다. 특히 나는 대중적 이슈를 요약하는 것이 아니라 내 관점을 드러내고 강조하고 설득하는 데 관심이 있었다. 그게 더 재미있고 내게 의미 있기 때문에 25년이 넘게 계속 쓸 수 있었다. 관점을 더 밀어붙이기 위해 공부하고 조사하고 생각하는 게 나의 일이다. 뉴스레터는 그걸 위한 수단이지 핵심이 아니었다.

깨달은 게 또 하나 있었다. 막연히 독자의 규모만 키우는 건 중요하지 않다는 사실이었다. 물론 숫자는 중요한 지표이지만, 더 중요한 것은 어떤 독자가 나와 진정한 관계를 맺고 있느냐였다. 불특정 다수의 사람들을 좇기보다 조수용 대표처럼 남다른 방식으로 큰 성과를 내거나 그런 사람처럼 되고 싶은 사람이 내 글을 읽는 게 나에게는 더 중요했다. 요컨대 내 뉴스레터는 틈새시장에 있었다.

매스미디어가 지배하던 시절에 틈새시장은 시장성과 확장성이 없었지만 지금은 아니다. 스마트폰이 매스미디어를 대체하는 지금 사실상 거의 모든 시장이 틈새시장이 되었다. 틈새시장은 규모가 아니라 밀도가 중요한 시장이다. 그래서 밀도를 높이면 강력한 브랜드와 지속 가능한 구조도 만들 수 있을 것이다.

이렇게 생각하자 많은 것이 선명해졌다.

뉴스레터 유료화를 결정하고 가장 많이 받은 질문이 "뉴스레터로 정말 돈을 벌 수 있나요?"다. 나는 당연히 벌 수 있다고 생각했지만 진짜 질문은 그 뒤에 있었다. "뉴스레터로 무엇을 얻을 수 있나요?" 이 질문에는 쉽게 답하지 못했다.

이렇게 말하면 뉴스레터로 수익을 내고자 하는 사람에게는 이상하거나 답답하게 들리겠지만, 돈을 버는 건 부차적인 요소다. 제대로 돈을 벌려면 뉴스레터보다는 다른 일을 하는 게 낫다. 굳이 뉴스레터를 하는 건 그게 즐겁기 때문이다. 그걸 통해 얻는 것은 수익이 아닌 완전히 다른 것이다. 내 경우엔 나 자신을 더 잘 알게 되는 것이었다. 내가 정말로 추구하는 가치가 무엇인지 깨닫는 것이었다.

뉴스레터 구독자를 모으고, 유료화를 고민하고, 컨설팅과 강연을 연결하면서 뉴스레터는 단순히 콘텐츠를 발행하는 채널이 아니라 하나의 비즈니스모델이자 나 자신을 탐구하는 수단이 되었다. 처음 유료 구독자가 100명을 넘었을 때, 내가 얻은 것은 월 100만 원의 매출이 아니라 자신감이었다. 누군지도 모르는 사람들에게 내가 직접 내 콘텐츠를 팔아 본 경험에서 오는 자신감.

연말이 되자 뉴스레터 전체 구독자는 1000명을 넘었다. 2021년은 이전엔 생각지도 않았던 일을 시작한 해였다. 뉴스레터를 유료화하면서 내 시간과 역량을 거의 한계치까지 밀어붙이기도 했다. 접점이 없던 기업에서 강연을 하고, 스타트업의 컨설팅도 맡게 되었다. 아티스트, 팬덤, 미디어의 관점에서 케이팝을 분석한 8부작 다큐멘터리 『케이팝 제너레이션』을 직접 제작하고, '아기 상어 신드롬'을 일으킨 더핑크퐁컴퍼니의 실무 이야기를 다룬 『마음의 비즈니스』라는 경제경영서도 썼다. 내 삶의 어떤 것이 크게 달라지기 시작했다고 느꼈다.

2022년: 월 구독료 10만 원의 실험

2022년 9월, 뉴스레터 구독료를 월 만 원에서 10만 원으로 인상했다. 오타가 아니다. 월 10만 원이 맞다. 그 이유는 이랬다.

내가 뭔가를 판다면 그것은 글이 아니라 통찰이다. 그런데 내 생각에 통찰은 정답이나 해설이 아니라 힌트다. 그걸 토대로 문제 해결은 본인이 직접 해야 한다. 통찰의 본질은 관점이다. 그런데 관점이란 무엇인가. 바로 보는 사람의 위치다. 내가 아래에 있다면 위쪽을 바라보는 관점이 나오고, 왼쪽에 있다면 오른쪽을 보는 관점이 나온다. 다시 말해 관점이란 행동을 전제로 하고, 자기만의 관점은 자신의 위치를 이리저리 옮길 수 있는 용기와 능력을 가진 사람이 얻을 수 있는 것이다.

나는 처음부터 내 뉴스레터가 단지 정보만 전달하는 매체가 되지 않기를 바랐다. 이슈를 포워딩하면서 소비되지 않길 바랐다. 그보다 더 가치 있는 무언가가 되기를 바랐다. 그걸 통해 수익도 얻고 관계의 밀도도 높이고 싶었다. 월 구독료 10만 원은 그에 대한 상징이었다.

구독료를 올리기 전 주변 사람들에게 물어봤다. "뉴

스레터 구독료를 인상한다면 지금의 월 만 원에서 얼마까지 더 지불할 수 있을 것 같아요?" 답변은 천차만별이었지만, 5만 원 이상으로는 올라가지 않았다. 그래서 이렇게 생각했다. 아, 한 달에 5만 원까지는 누구나 낼 만하다고 생각하는 가격이구나. 만약 내 뉴스레터 구독료를 5만 원으로 올리면 사람들은 5만 원으로 할 수 있는 다른 일들을 떠올리며 비교하고 평가하겠구나. 그렇다면 아예 그 두 배인 10만 원으로 올리면 어떨까? 쉽게 쓰기 어려운 금액이지만 높은 가격만큼 가치 있는 경험을 보장하면 구독자 수가 적어지더라도 높은 성장률을 확보할 수 있지 않을까?

나는 뉴스레터로 동료를 찾고 싶었다. 관계의 밀도를 높인다는 말은 바로 그런 뜻이었다. 소비자, 구독자, 팬 같은 개념이 아니라 함께 고민하고 생각하고 답을 찾아가는 관계를 원했다. 음악산업에 대한 고민, 삶에 대한 고민, 홀로 일하며 살아가는 방향성과 정체성에 대한 고민 등등을 함께 하는 사람들. 그게 바로 동료였다.

월 구독료 10만 원 인상안을 공개하자 예상대로 여러 곳에서 놀랍다는 반응이 나왔다. 한 달의 유예 기간을 됐다. 기존 구독자는 원래 가격을 유지할 수 있었는데, 그 한 달 동안 꽤 많은 사람이 새로 가입했다. 월 10만 원의 혜택은 매주 멤버십 전용 뉴스레터를 받아 보는 것과 온라인 모임이었다. 멤버십 전용 뉴스레터를 가지고 온라인에서 함께 토론했다. 주제는 엔터테인먼트산업의 비즈니스모델, 소규모 조직의 안정화, 확장되고 있는 '일'의 범위와 의미 등 광범위했다. 예술가이자 사업가(대표)로서 어디에 터놓고 말하기 어려운 고민을 나누는 이도 있었다. 모두가 음악 업계 관계자는 아니었다. 작곡, 디자인, 건축, 투자, IT, 게임 등 다양한 업계 사람들이 매주 얼굴을 맞대고 대화했다.

나는 매주 두 편의 긴 레터를 쓰고, 온라인 모임을 준비했다. 구독자는 크게 늘지 않았지만 수익은 두 배로 늘었다. 물론 최저임금 정도에 불과했지만, 어떤 매체에도 의존하지 않고 어떤 회사에도 들어가지 않은 상태로 혼자 달성한 숫자였기 때문에 나름 뿌듯했다. 마치 수많은 사람이 오가는 시장 한편에 작은 점포를 열고 장사하는 기분이었다.

월 구독료 10만 원 말고도, 2022년에는 뉴스레터로 여러 가지를 시도해 봤다. 오랫동안 마음속에 찜해 두었던 여러 필자를 섭외해 뉴스레터에 칼럼을 연재하는 코너를 만들기도 했다. 대부분이 잘 알려지지 않은 필자로 개중엔 기고해 본 적이 한 번도 없는 사람도 있었다. 그래도 나는 그들의 글이 좋았다. 페이스북과 블로그에서 생각이 단단하고 태도는 사려 깊어서 눈여겨보던 필자를 네 명 정도 섭외해 한 달에 한 번씩 글을 실었다. 적지만 원고료도 지급했다. 매주 다른 필자의 글을 소개하다 보니 뉴스레터가 매거진이나 플랫폼처럼 기능할 수도 있겠다는 생각이 들기도 했다.

그중엔 열성 케이팝 팬이자 뉴욕에서 뮤직 비즈니스를 전공하는 조이스 첸이라는 대만 학생도 있었다. 중국인 사촌 언니의 소개로 열네 살에 슈퍼주니어의 팬이 된 이후 10년 가까이 케이팝 사랑을 이어 온 친구였다. 나는 링크드인에서 조이스를 만났다.

2022년부터 나는 링크드인에 영어로 글을 쓰기 시작했다. 프로필도 영어로 바꾸고, 기존에 썼던 글을 영어로 번역해서 업로드했다. 음악과 미디어, 엔터테인먼트 업계 종사자를 찾아 적극적으로(닥치는 대로) 일촌 신청을 하거나 팔로우를 했다. 영어를 잘하는 건 아니었다. AI 번역기를 적극 활용했다.

덕분에 인도, 캐나다, 호주의 음악 스타트업 종사자(대체로 20대 중후반의 실무자)와 케이팝과 그 팬덤에 대해 토론하며 친분을 쌓을 수 있었다. 벨기에의 한 대학생은 비대면 인턴십을 하고 싶다며 내게 연락하기도 했다. 아쉽지만 당신은 재능이 있으므로 좋은 기회를 얻을 거라고 응원해 줬지만, 매우 신선한 경험이었다. 조이스 첸도 그렇게 만났다. 그는 독학으로 익힌 한국어를 매우 능숙하게 구사해서 가끔 한국인과 얘기한다고 착각할 정도였다. 조이스는 심지어 칼럼도 한글로 썼다.

2022년의 나는 왠지 과감했다. 망설이지 않았다. 덕분에 해 보지 않으면 알 수 없는 일도 알게 되었다. 링크드인에서 스물세 살의 인도 젊은이와 케이팝 팬덤에 대해 토론할 날이 올 거라고 상상이나 했겠는가? 미국 대학교에서 뮤직 비즈니스를 전공하는 스물두 살의 대만인 케이팝 팬과 무려 한국어로 막힘없이 SM과 하이브의 마케팅 전략을 분석하고, 매달 10만 원을 결제하는 수십 명의 사람과 인공지능이 바꿀 세상과 직업의 미래에 대해 토론하리라고 말이다.

그때 나는 무엇보다 일단 시작하는 게 중요하다는 걸 몸으로 배웠다. 늦더라도 해 보는 게 중요하다. 세상에 때늦은 일이란 없다. 일단 해 보고 잘 안 되면? 오케이, 다음 장으로 넘어가면 된다. 이 교훈 덕분에 한동안 내 소셜 미디어의 프로필 문구는 'It's better late than never'였다. '안 하는 것보다 늦는 게 낫다'란 뜻이다.

월 구독료 10만 원의 유료 구독자 모임은 연말을 지나 2023년 8월까지 1년 동안 이어졌다.

2023년: 콘텐츠 비즈니스의 3C(콘텐츠, 커뮤니티, 커머스) 구조를 고민하다

2023년 4월, 뉴스레터 구독자가 5000명을 돌파했다. 5000명이 넘는 숫자가 표시된 알림을 보다가 문득 한 가지 궁금해졌다.

+ 한국에서 음악산업에 관심 있는 사람이 모두 몇 명이나 될까?

콘텐츠진흥원에서 조사한 자료를 보면, 2022년 기준으로 한국의 음악산업 종사자 수는 18만 9천 명이었다. 조사 범위는 케이팝 회사부터 음반 판매점까지 매우 넓었는데, 일단 내 뉴스레터의 1차 타깃이 18만 9천 명이구나 생각했다. 하지만 나는 앞서 얘기한 대로 그리 대중적인 평론가는 아니니까, 전체 음악산업 종사자의 10퍼센트 정도가 내 이야기에 관심을 가질 거라고 생각했다. 그러면 대략 만 8천 명. 바로 이 숫자가 내 목표 구독자였다.

여기서 조금 더 타기팅을 하자면, 내 구독자는 케이

팝 기획사의 임원, A&R 담당자, 사업개발 책임자, 인디 레이블 대표와 열정적인 글로벌마케팅 담당자, 비즈니스에 관심이 많은 음악가, IT 회사의 콘텐츠 기획자, 게임 서비스 마케터, 콘텐츠 투자 전문 심사역 등이라고 할 수 있었다. 이런 사람들은 또 얼마나 될까?

일단 메이저 케이팝 회사(하이브, SM, JYP 등)의 직원을 모두 합하면 2000명 정도였다. 네이버와 카카오의 합산 직원 수는 8000명. 또 크래프톤(1800명), NC소프트(4500명), 넥슨(1200명), 네오플(1100명) 등 메이저 게임 회사의 임직원이 모두 9000명이니까, 케이팝/IT/게임 업계 사람을 모두 합하면 대략 만 9천 명 정도였다. 이 중에 아까처럼 '음악산업'이란 키워드를 공유하는 집단을 10퍼센트로 잡으면 1900명. 깔끔하게 올림하면 2000명. 이렇게 만 8천 명과 2000명이란 숫자를 도출한 뒤, 나는 내가 기대할 수 있는 최대 구독자를 2만 명으로 설정했다. 당연히 정확한 계산은 아니었다. 겹치는 범위도 있었다. 하지만 이렇게 구체적인 숫자를 정해두면 내 최종 목적지가 대략 어디쯤인지 보였다.

2023년 구독자 5000명은 2만 명이라는 목표치의

4분의 1이었다. 적어도 10년은 뉴스레터를 해 보자고 다짐했으니 앞으로 7년간 만 5천 명의 구독자를 더 만들어야 했다. 1년에 2000명, 한 달에 166명씩 늘어야 달성할 수 있는 목표였다. 당장 '쉽지 않겠는데'라는 말이 튀어나왔지만, 만 5천 명의 구독자보다는 좀 현실적이지 않은가?

한편 2023년 5월 11일, 코로나19 팬데믹이 공식적으로 종식되었다. 4년 만이었다. 이때부터 멤버십 모임에 오프라인 모임을 추가했다. 인공지능이나 창의성에 대한 다큐멘터리 등을 보고 '미래'에 대해 얘기하는 모임도 갖고, 콘텐츠 산업이나 구독 모델에 대한 해외 전문 매체의 기사를 번역해서 공유하기도 했다. 그런데 멤버십 모임은 처음에 생각했던 것만큼 만족스럽지 않았다. 토론이라기보다 주로 내가 진행하는 강의처럼 혼자 얘기하는 경우가 많았다. 문득 애초에 콘텐츠 발행인과 구독자 사이에 수평적인 대화가 오갈 수 있다고 믿었던 게 너무 순진했나 싶어 회의감마저 들었다.

또 하나, 지속 가능성을 고민하지 않을 수 없었다. 구독자가 늘어나는 만큼 유료 구독자도 꾸준히 늘어나야

했다. 그런데, 월 구독료가 10만 원이네?

사실 10만 원 멤버십 클럽은 나름 순항하고 있었다. 매주 온라인으로 10명 이상의 구독자를 꾸준히 만나면서 친밀감도 생겼다. 개인사업자, 아티스트, 브랜딩 담당자, 콘텐츠 기획자 등이 함께 고민하고 서로 격려하는 자리이기도 했다. 문제는 나의 관심사가 점점 콘텐츠 비즈니스의 심연으로 향하고 있다는 점이었다. 팬데믹을 지나면서 글로벌 음악산업의 지형도는 급변하고 있었다. 음악이 드라마나 게임 같은 다른 형식과 뒤섞이는 경향도 늘어나고, 인공지능 같은 기술적 접점도 점점 향상되고 있었다. 게다가 2023년 당시 케이팝 산업은 글로벌 Z세대와 엔터테인먼트산업에 광범위한 영향을 미쳤다. 매일같이 미국과 한국, 일본의 음악산업 동향을 리서치하면서 내 관심사는 음악보다도 엔터테인먼트산업에 더 쏠렸고, 1년 가까이 10만 원 멤버십 클럽이 지속되면서 나는 함께할 동료를 찾는다는 원래 미션에서 멀어진다는 느낌을 받았다. 의도와는 다르게 말이다.

10만 원 멤버십 클럽 1주년이 된 2023년 9월, 월 10만 원 구독료를 만 5천 원으로 조정하고 온라인과 오프라인 모임을 종료했다. 구독료를 인하한 이유를 최대한 솔직하게 얘기하고, 기존 구독자에게 차액을 환불해줬다. 대신 나는 콘텐츠의 밀도를 더 높이려고 노력했다. 얘기했듯, 내 뉴스레터는 규모가 아닌 밀도가 중요한 틈새시장에 있었다. 1년 전 나는 이 밀도를 '관계'라고 생각했다. 그래서 구독료를 올리고 오프라인 모임에 집중했지만, 정작 그 과정에서 나는 내 통찰을 직접 전달하고 실제 업계에서 비슷한 고민을 하는 사람들과 더 깊은 대화를 나누면서 나 자신이 성장하는 것에 관심이 크다는 사실을 깨달았다. 그러므로 지식의 상호교환이란 측면에서 음악이나 엔터테인먼트 비즈니스에 밀착된 사람들을 찾는 게 중요했다. 나는 이때부터 '밀도'를 관계가 아닌 깊이로 재정의했다.

콘텐츠의 퀄리티는 핵심 타깃의 만족도에 좌우된다. 내 뉴스레터의 핵심 타깃은 비교적 연차가 높고 음악뿐 아니라 미디어/엔터테인먼트산업의 변화에 관심이 많은 사람이었다. 실제로 내가 설정한 핵심 타깃은 대기업 임원이나 엔터테인먼트산업의 전략가였다. 그래서 굳이 더 쉽게 쓰려 하지 않고, 검색을 몇 번 하면 찾을 수 있는 내용은 의도적으로 피했다. 원래도 '어렵다'는 반응이 있었지만, 사실 더 어려워질 필요가 있었다.

또 하나, 이렇게 엔터테인먼트산업을 더 깊이 다루는 동안 내가 성장하고 있다는 감각도 더 분명해졌다. 보통 성공한 사업모델은 '고객이 원하는 것을 줄 때 성립한다'고 한다. 이 말을 부정하지 않는다. 그러나 이 정의가 내게도 해당될까? 나는 매우 대중적인 뉴스레터를 만들려는 게 아니었다. 그럴 능력도 없었다. 다만 이왕이면 틈새시장에서 압도적으로 밀도 높은 미디어를 만들고 싶었다. 오늘이 아니라 내일을 고민하는 사람들과 연결되고 싶었다. 대도시의 프랜차이즈가 아니라 미식가가 찾는 동네 맛집을 만들고 싶었다. 그걸 깨닫는 데 몇 년, 아니 거의 20년에 가까운 시간이 필요했다는 걸 마침내 알아차렸다. 2023년의 성과는 바로 이것이었다.

2024년: '음악산업의 내일'을 궁리하는 뉴스레터

2024년 여름, 뉴스레터 구독자 수는 6000명이 되었다. 뉴스레터의 슬로건을 '음악으로 성장하는 사람들의 뉴스레터'로 바꾸고, 이름 TMI.FM을 '음악산업의 내일'Tomorrow of the Music Industry로 풀어냈다. 몇 년 동안 심야 라디오 콘셉트의 청취자 게시판, 유료 회원과의 온라인 미팅, 크리에이터의 커리어와 미래에 대한 오프라인 모임 등등 이런저런 커뮤니티 실험을 해 본 끝에 나는 콘텐츠 발행에 오롯이 집중하는 게 더 낫다고 판단했다. 누구나 다 아는 얘기일지도 모르겠다. 시작할 때부터 뉴스레터 콘텐츠에만 집중했다면 지금보다 더 크게 성장했을 수도 있지만, 어쩌겠나. 나는 세상 사람들이 다 아는 사실도 굳이 내 몸으로 직접 경험하면서 배워야 하는 종류의 사람이었다. 속도도 느리고 답답하더라도, 그게 더 나다웠다.

뉴스레터의 유료 구독 전환율을 높이기 위해선 먼저 뉴스레터의 만족도를 확인해야 했다. 두 가지 방법이 있었다. 데이터를 확인하고, 감상을 듣는 것. 데이터는 뉴스레터의 오픈율과 댓글, 공유(인용) 수였고, 감상은 사람들에게 직접 들어야 했다. 당시 뉴스레터의 오픈율은 25퍼센트 정도를 유지했다. 참고로 오픈율은 구독자가 적을수록 높게 나온다. 구독자 천 명일 때 오픈율은 거의 50퍼센트에 육박했다. 일반적으로 기업 뉴스레터의 오픈율은 10퍼센트 수준이고 개인 뉴스레터는 20퍼센트 수준이다. 나는 뉴스레터의 가장 기본이 되는 오픈율이라는 데이터를 25퍼센트에서 30퍼센트로 높이고 싶었다.

그러려면 레터의 내용을 고도화하는 것 이상의 기술이 필요했다. 레터 제목부터 보내는 시간, 미리보기 형식 등 독자의 선택을 받기 위한 기술 말이다. 이 문제를 해결하기 위해 나는 최대한 많은 뉴스레터를 구독했다. 매스미디어에서 발행하는 뉴스레터든, 개인 창작자가 발행하는 뉴스레터든 가리지 않았다. 『뉴욕 타임스』 『블룸버그』같이 해외의 유명 뉴스레터부터 무료 구독에 디지털 상품을 끼워 파는 다단계형 뉴스레터까지 가리지 않고 구독했다. 이들은 어떤 기술로 사람들의 관심을 얻어낼까? 오직 이런 관점으로 전 세계의 뉴스레터를 살펴봤다. 뉴스레터만 받는 이메일 계정도 따로 만들었다. 메일

함은 순식간에 수백 개의 뉴스레터로 가득 찼다. 매일같이 이 메일함을 들여다보면서 누가 언제 어떤 제목으로 뉴스레터를 보내는지 확인했다. 내가 클릭하는 뉴스레터의 특징을 정리하고, 어떤 지점에서 유료 구독을 하고 싶어지는지 파악했다. 그렇게 몇 개월을 보내자 내 뉴스레터도 나름 정교하게 다듬어지기 시작했다. 오픈율도 28~30퍼센트 수준으로 상승했다. 역시 나는 몸으로 부딪혀서 배워야 하는 인간이었다.

2024년 초에는 미니 컨퍼런스도 진행했다. 현업에 종사하면서 음악산업의 다음 스텝을 치열하게 고민하는 사람들을 대상으로 한 유료 행사였다. 지난 몇 년간 나는 해외 컨퍼런스에 여러 번 참여했는데, 행사 규모가 작을수록 만족도가 높았던 경험을 반영하고 싶었다. 스포티파이, 사운드클라우드, 구글, 애플, 빌보드, 유니버설뮤직, 소니뮤직, 워너뮤직 같은 업계 리더들이 작은 테이블에서 현직자와 밀도 높은 토론을 나누던 모습이 부러웠기 때문이다. 한국에는 왜 이런 자리가 없을까? 어째서 수천 명이 모여야 의미 있는 컨퍼런스라고 생각할까? 그래서 직접 해 보기로 했다. 3시간 정도 참여자들이 깊이 고민하고 대화할 수 있는 구조를 설계하고, 외부 연사도 섭외하지 않았다. 원맨쇼처럼 나 혼자 3시간을 이끌어가는 행사였다. 제목은 '타운홀 미팅'. 뉴스레터 구독자를 대상으로 이런 행사를 열었을 때 실제로 얼마나 많은 사람이 반응하고 또 그들이 얼마나 만족할 수 있을지 궁금했다.

2024년 2월, 합정역 부근에서 첫 번째 '타운홀 미팅'이 열렸다. 60명이 넘는 사람이 왔고, 3시간 30분 동안 질문과 답변을 주고받았다. 행사는 성황리에 종료됐고, 다들 한결같이 "이런 행사가 더 열리면 좋겠다"며 행사장을 나섰다. 몇 달 뒤, 두 번째 행사는 온라인으로 진행되었다. 브라질의 지식재산권 전문 변호사 안나 클라라 히베이루와 브라질의 유일한 케이팝 매거진 『Hit!』를 발행하는 카롤리나 스타이너트를 온라인으로 초대해 남미 케이팝 시장의 현황과 전망에 대해 들었다. 두 번의 행사에는 케이팝 업계의 실무진과 임원이 다수 참석해 실제로 협업에 적용할 수 있는 수준의 대화를 나눴다.

2024년 한 해 동안 나는 뉴스레터의 양적 질적 성장에 몰입했다. 가장 직관적으로 변화를 체감할 수 있게

끔 외부 기고를 줄였다. 당장은 힘들겠지만 몇 년 동안 꾸준히 애쓰면 뉴스레터만으로 의미 있는 수익을 낼 수 있을 거라고 생각했다. 그리고 뉴스레터와 연결된 컨설팅이나 협업 프로젝트를 늘리는 것을 목표로 삼았다.

수치로도 정리했다. 외부 기고는 2023년 13.1퍼센트에서 2024년 2.8퍼센트로 줄었고, 컨설팅은 8.2퍼센트에서 25퍼센트로 늘었다. 협업 프로젝트 비중도 4.9퍼센트에서 19.4퍼센트가 되었다. '음악산업의 내일'이란 주제 아래서 나는 이전보다 조금 자유롭게 내가 관심을 기울이는 질문과 이야깃거리에 대해 더 깊은 얘기를 할 수 있었다. 또한 혼자 일하기보다 여러 팀과 협업하면서 장기적인 관점이 필요한 일도 하나둘 생겼다. 이를 통해 협업의 즐거움 혹은 보람, 그리고 당연히 어려움과 도전에 대해 더 배울 수 있었다.

2024년에는 일본어와 영어 뉴스레터도 시작했다. 하지만 막상 시작해 보니 생각보다 어려웠다. 타깃 설정과 주제에 대한 고민이 깊지 못했기 때문이다. 처음엔 단순히 기존 뉴스레터를 영어와 일본어로 번역하면 되겠다고 생각했지만, 실제로 써 보니 둘 사이의 간극이 컸다.

한국 독자에게는 북미와 일본의 상황이 중요했지만, 북미와 일본 독자에게는 한국 상황이 더 중요했다. 그 둘의 밸런스를 맞추려면 각각의 상황에 맞게 내용을 새로 써야만 했다. 게다가 외국인 대상 결제 시스템에도 장벽이 있었다. 국내 사업자로는 해외 결제 시스템을 사용하기 어려웠다. 페이팔이 있지만, 굳이 페이팔로 한국 뉴스레터를 결제하려는 외국인은 그리 많지 않았다. 여러 이유로 영어와 일본어 뉴스레터는 잠시 유보하기로 했다.

한 해 동안 '음악산업'이란 키워드로 한국과 전 세계의 엔터테인먼트 관계자를 연결하고 싶다는 욕망이 좀 더 분명해졌다. 2024년 말 기준으로 링크드인 팔로워는 4800명, 일촌은 2200명을 넘어서 총 7000명 이상의 인적 네트워크를 구성할 수 있었다. 마침 주변에서 링크드인을 시작했다는 사람도 자주 만났는데, 그중엔 음악 업계뿐 아니라 특정 분야의 전문가도 많았다. 이제야 한국에서도 링크드인이 '직장인의 소셜미디어'로 자리 잡고 있구나 싶었다. 그래서 주로 해외 업계의 인물들과 연결된 내 링크드인 네트워크를 한국으로도 넓히기로 했다.

2023년, 나는 구독자 커뮤니티에 집중하며 '모든 것이 연결되어 있다'는 걸 배웠다. 어떤 한 점을 찍으면 그다음 점을 찍기가 쉬워진다. 그렇게 여러 개의 점을 찍다 보면 문득 이게 대체 뭐 하는 짓인가 싶기도 하고, 이게 다 무슨 소용인지 헷갈리기도 하고, 다소 소모적으로 느껴지기도 한다. 그러나 그 점들을 선으로 잇는 순간, 그동안의 점들이 비로소 가치를 갖기 시작한다. 맞다. 누구나 머리로는 아는 얘기다. 하지만 중요한 건 몸으로 깨닫는 일이다. 나는 2023년에 그걸 온몸으로 배웠다.

2024년에는 '함께하는 일의 즐거움'을 배운 동시에 '혼자 일하는 데 최적화되어 있다'는 사실도 새삼 확인했다. 이 둘은 모순적이지만, 그렇다고 충돌하지는 않는다. 1인 체제를 유지하며 확장성을 고민하는 것이 쉽지는 않지만, 그렇다고 불가능한 건 아니라는 것도 배웠다. 그해 말 구독자들에게 한 해를 회고하는 뉴스레터를 보내면서 이렇게 썼다.

> 1년 전에 저는 "저의 상품은 관점이고, 이 상품의 가치는 제가 가진 태도에서 나온다는 걸 압니다.

> 이것은 직관의 영역입니다. 그러니까 저는 저 자신의 '관점'과 '태도'를 정확히 정의하고, 그걸 향상시킬 수 있는 방법을 찾아 계속 실험해야 합니다"라고 말했습니다.
>
> 2025년 역시 같은 걸 기대해 봅니다. 가급적이면 강연과 협업도 늘리고 싶은데, 그걸 위해선 뉴스레터의 질적 향상이 필수일 겁니다. 그러려면 매일 조사하고 여러 경로로 다양한 사람들을 만나고 거기서 중요한 키워드를 찾아내는 능력도 필수이고요.
>
> 하지만 전략적 판단은 결국 하나의 기준이나 원칙에서 나옵니다. 그걸 기르는 것은 주관과 직관의 영역입니다. 결국 이 모든 행위는 통찰력으로 수렴됩니다. 역시 모든 것은 연결되어 있습니다. 이 연결의 구조에서 가장 중요한 것에 집중하는 2025년이 되기를 기대해 봅니다.

바야흐로 2025년이 밝아 오고 있었다. 뉴스레터를 발행한 지 5년째가 되었다.

2025년: 엔터문화연구소, 그리고 오래 하는 일의 가치

나는 뉴스레터를 개인 프로젝트가 아니라 1인 미디어 사업으로 간주했다. 사실 콘텐츠 업계의 프리랜서와 개인사업자는 세금계산서 발행 여부만 다를 뿐 본질적으로 용역 기반의 일이란 점에서 차이가 없다. 그럼에도 나는 언젠가 내 뉴스레터가 1인 미디어 사업으로 정의되기를 바랐다. 따라서 내 고민은 1인 체제에서도 효율적으로 사업을 진행하고 확장할 수 있는 방법을 찾는 데 있었다.

2025년 1월, 뉴스레터의 이름을 '차우진의 엔터문화연구소'로 변경했다. 슬로건은 여러 차례 바꿨지만 이름을 바꾼 건 처음이었다. 좀 더 직관적이고 촌스러워졌지만 상관없었다. 새해 목표는 뉴스레터의 영향력을 더 확장하는 것이었기에 누구나 단번에 이해할 수 있는 이름이 필요했다.

이 결정엔 사실 소소한 에피소드가 하나 있다. 2024년에는 익숙하지 않은 행사에서 낯선 사람을 만날 일이 많았다. 이전에는 음악 관련 컨퍼런스 같은 곳에 자주 참석했는데, 대부분 아는 사람들이라 굳이 나에 대해 설명할 필요가 없었다. 그런데 낯선 자리에서 낯선 사람들에게 나를 설명할 일이 늘어나자 점점 이런 식으로 말하게 되었다.

> 안녕하세요, 차우진입니다. 저는 음악평론가로 활동하고 있는데요, 클래식은 아니고 대중음악이고요, 아, 그런데 또 케이팝만 다루는 건 아니고요. 음악산업에 대한 전반적인 이야기를 하는데, 몇 년 전부터 '티엠아이 에프엠'이라는 뉴스레터를 운영하고 있고…… 티엠아이 에프엠은 '투모로우 오브 뮤직 인더스트리', 그러니까 '음악산업의 내일'이란 뜻이고, 여기서 말하는 음악은 사실 모든 엔터테인먼트의 기반이기도 해서 이 제목으로 음악산업과 팬덤, IP 비즈니스에 대한 뉴스레터를 보내고 있습니다……

어휴, 다시 봐도 횡설수설해 무슨 일을 한다는 건지 모르겠다. 그래서 뉴스레터 이름을 '엔터문화연구소'로 바꿨다. 그러자 "엔터문화연구소 차우진입니다. 엔터 산업에 대한 뉴스레터를 발행하고 있습니다"라고 소개하면 됐다. 깔끔하고 직관적이었다.

타이틀은 정체성이다. 말 그대로 내가 누구고 어디에 있는지, 무엇을 하는지 보여 주는 증표다. 내가 그간 써 온 글, 조사한 자료, 다룬 키워드를 모아 보니 '엔터테인먼트' '문화' '연구'라는 세 단어로 정리가 되었다. 엔터테인먼트는 비즈니스 개념에 가깝고, 문화는 생활양식이다. 그래서 비즈니스와 문화를 연결해 하나의 완성된 구조를 만들고 싶다는 뜻을 담아 '엔터'와 '문화'를 붙여 사용했다.

나는 크리에이터와 아티스트를 비즈니스와 결합할 뿐 아니라 테크, 미디어, 팬덤을 동시에 통합적으로 분석하고 그 관계를 밀도 있게 이해할 때 문화가 활성화된다고 믿는다. 여기에 더해, 기술과 미디어가 급변하는 시대에 크리에이터, 아티스트, 콘텐츠 사업가의 지속 가능성을 다양한 팬덤 문화와 IP 기반 비즈니스 사례를 통해 제시하고 싶었다.

그래서 엔터문화연구소는 비평과 이론을 결합한 전략에 초점을 맞춰 여러 일을 진행한다. 내가 그동안 TMI.FM으로 해 온 작업, 즉 뉴스레터 발행과 강연, 자문, 기고와 책 출간 등이 바로 비평과 이론을 결합한 전략에 초점을 맞추는 과정이었음을 이제야 비로소 정리할 수 있었다. 마침내 점들이 연결되었다.

음악은 모든 엔터테인먼트의 기반이다. 미디어나 기술 혁신의 시작점이기도 하다. 최초의 음악산업은 악보 형태로 소비되면서 탄생했다. 다시 말해 인쇄 기술이 없었다면 음악산업은 출현하지 못했다. 레코딩 기술이 없었다면 음반은 탄생하지 못했고, 라디오가 없었다면 음반의 글로벌 시장도 불가능했다. 전기와 앰프가 없었다면 로큰롤도 없고, 디지털 기술이 없었다면 mp3도 없었을 것이다. 인터넷이 없었다면 스트리밍도 없고, 지금처럼 음악이 흘러넘치는 세상도 오지 않았을 것이다. 여기에 새로운 세대가 없었다면 로큰롤 같은 새로운 음악이 확산되지 못하고, 유튜브와 트위터가 없었다면 케이팝도 전 세계 Z세대와 연결되지 못했을 것이다. 음악산업은 미디어와 엔터테인먼트 산업의 변화를 가장 먼저 경험하는 혁신의 카나리아다.

내 뉴스레터는 이러한 변화의 어떤 순간을 기록하는 것을 넘어 그다음 스텝을 가늠하는 내용을 담는다. 나는 과거를 통해 미래를 바라보는 이야기에 관심이 많다. 음악산업에 대해 이야기하지만, 그게 반드시 '음악'에만 국한되지는 않는다. 음악은 모든 영역과 결합된다. 이전에 음악, 영화, 방송, 통신으로 분리되었던 영역이 이제 엔터테인먼트라는 큰 틀에서 상호연결되고 있다. 이게 가장 중요한 변화다. 그래서 내 뉴스레터는 음악 업계뿐 아니라 투자사, 콘텐츠 제작사, 유통사 등의 의사결정권자가 구독한다. 뉴스레터의 영향력을 더 넓히고 싶다는 생각의 기저에는 바로 이런 사실이 깔려 있었다.

2025년은 내가 뉴스레터를 운영한 지 5년이 되는 해다. 내가 이 뉴스레터를 운영하기로 마음먹은 10년의 절반을 지나고 있다. 그사이 많은 실험을 했고, 자잘한 실패와 성과도 거뒀다. 남들은 쉽게 하는 걸 왜 나는 쉽게 하지 못할까 고민도 많았다. 그래도 결국 나답게 일을 해내는 것이 중요하다는 걸 배웠다. 하지만 모든 것은 여전히 과정에 불과하다. 그런 점에서 내게 2025년은 경유지를 지나는 시간이기도 하다.

지난 5년간 뉴스레터를 운영하면서 가장 크게 배운 점은 꾸준히 그리고 솔직하게 나 자신과 대화해야 한다는 사실이었다. 콘텐츠의 핵심은 나 자신에게서 나온다. 독자는 그런 콘텐츠로 연결되어 모인 동료들이다. 이런 단순한 진리를 거듭 확인하고 깨달았다. 무엇보다 스스로에게 집중하는 법을 배웠다. 내게는 내게 맞는 속도와 어울리는 방식이 있으며, 그걸 따르는 것이야말로 뭔가를 얻는 가장 효과적이고 합리적인 길이라는 것도 알았다. 이 과정에서 새로운 미디어 환경에서 글을 쓰는 법, 새로운 독자와 소통하는 법 또한 익힐 수 있었다.

2025년 8월을 기준으로 뉴스레터 구독자는 7000명을 넘었고, 유료 전환율은 4퍼센트가 넘었다. 5년이란 시간 대비 너무 적은 숫자로 보일지 모르겠다. 유튜브나 틱톡, 심지어 뉴스레터로 월 천만 원을 벌었다는 사람이 수두룩한 시대에 나는 이 숫자를 보면서 오히려 스스로에게 묻곤 한다. 성장이란 무엇일까? 유료 구독자가 늘어나는 것이 성장의 핵심 지표일까? 사람들은 왜 빠른 성장에 집착할까? 빨리 성장하지 못하면 실패하는 걸까?

돌아보니 뉴스레터를 시작했을 때 대부분의 사람들은 내가 무얼 하는지도 몰랐다. 3년 정도 지나자 "요즘 뉴스레터 하신다면서요?"라고 묻기 시작했다. 그런데 정확히 어떤 뉴스레터인지는 몰랐다. 5년 차가 되니 그나마 "요즘 엔터 쪽 뉴스레터를 하신다면서요"란 말을 듣기 시작했다. 늘 다니던 동네에서 근사한 카페를 발견한 기쁜 마음에 "와, 여기 너무 좋아요. 언제 오픈하셨어요?"라고 물었을 때 사장님이 "1년 반 정도 되었어요"라고 말하는 것과 비슷했다. 무슨 말이냐면, 세상은 서로의 일에 별로 관심이 없다는 얘기다. '와, 이렇게 좋은 카페가 새로 생겼네!' 싶어도 사장님은 이미 1년 반 넘게 이 자리를 지키며 버티고 있었던 것이다. 그저 꾸준히 오래 하면 사람들이 알아챌 확률이 조금 높아질 뿐이다. 그러니 결국 나는 나에게 집중할 수밖에 없다. 어쩌면 브랜딩도, 성장률도, 수익률도 그리 중요하지 않을 수 있다. 오직 내가 하기로 결심한 일을 꾸준히 성실하게 해내는 것, 그것이 제일 중요하다는 걸 배웠다.

4

AI
시대에
창작자로
살아남기

2025년 5월, 나는 AI를 이용해 팟캐스트를 시작했다. 이렇게 말하니 무슨 SF 소설의 도입부 같지만, 말 그대로다. AI를 이용해 팟캐스트를 만들었다. 마침 5월에 구글 노트북LM(NotebookLM)이 업데이트되어 한국어 서비스를 시작했다. 노트북LM은 인터넷 기사, PDF 파일, 워드 문서 등을 대화형으로 요약해 주는 서비스로 이미 해외에서는 매우 자연스러운 음성파일을 생성해 주는 것으로 화제였는데, 한국어 서비스가 업데이트되어 써 보기로 한 것이다.

결과는 정말 놀라웠다. 기사를 입력하고 5분 정도 기다리자 남녀가 대화하는 6분 분량의 팟캐스트가 생성되었다. 단순히 내용을 요약한 수준이 아니라 적절한 질문과 추임새를 활용해 '진짜 대화'처럼 만들었다. 중간중간 "와, 그거 정말 흥미로운데요?"라든가 "음, 왜 그랬던 거죠?" 같은 추임새도 나왔다. 심지어 이 AI 캐릭터는 간간이 웃기도 했다.

2023년 10만 원 멤버십 클럽에서 인공지능에 대한 토론도 하고 관련 기사도 여럿 읽을 만큼 관심은 있었지만 내심 AI가 만든 결과물에 시큰둥했던 게 사실이다.

AI가 그림을 그리고, 음악을 만들고, 프로그램을 짜고, 동영상을 만든다 해도 당장 내가 그 기능을 활용할 만한 곳은 적었다. 인공지능의 발전 속도가 아무리 빨라도 당장 활용하기엔 아직 부족한 점이 있다고 생각했다.

그런데 2025년이 되자마자 AI 기술의 발전 현황이 급격하게 달라졌다. 챗GPT뿐 아니라 클로드, 구글 같은 회사가 일주일 단위로 새롭게 업데이트된 기능을 발표했다. 무엇보다 각각의 AI 서비스가 모두 연결되어 거대한 네트워크를 이루면서 에이전트 구조로 바뀌는 것이 실감되었다. 2025년 1월 뉴스가 5월에는 아예 무의미해질 만큼 기술 발전과 산업 환경이 급변하는 느낌이었다. 그래서 나도 AI 기술을 좀 더 적극적으로 써 보기로 마음먹었다.

AI가 왜 중요할까?

2010년 이후 새로운 과학기술이 본격적으로 일상에 진입하기 시작했다. 여기에는 소셜미디어를 비롯해 빅데이터와 인공지능 기술이 포함된다. 앞 장에서 얘기했듯 그 변화는 20세기를 지탱하던 산업구조의 근본을 흔들 정도로 파괴적이었다. 예를 들어 하나의 서비스가 1억 명의 사용자를 확보하기까지 걸린 시간을 기준으로 보면 꽤 재미있는 점을 발견할 수 있다.

1991년에 출시된 인터넷 월드와이드웹www이 1억 명의 사용자를 모으기까지 걸린 시간은 85개월이었다. 2003년에 출시된 링크드인은 96개월, 2004년에 출시된 페이스북은 54개월, 2005년 출시된 유튜브는 49개월이 걸렸고, 2006년 출시된 스포티파이는 55개월, 트위터는 65개월, 2010년 출시된 인스타그램은 30개월이 걸렸다. 그런데 2017년 출시된 틱톡은 불과 9개월, 2022년에 출시된 챗GPT는 2개월밖에 걸리지 않았다. 딥시크는 심지어 7일에 불과했다.

유튜브, 트위터, 페이스북, 스포티파이처럼 2020년 이전에 출시된 서비스는 산업적으로나 사회적으로 다양한 이해 충돌을 야기했다. 그러한 혼란 속에서 1억 명을 확보하는 데 걸린 시간, 즉 55개월이든 30개월이든 그 시간 동안 우리는 이 서비스의 영향력에 대해 사회 문화 경제 측면에서 연구하고 논의하며 사회적 합의를 위한 과정을 거칠 수 있었다. 하지만 2020년 이후의 파괴적인 서비스는 대부분 1억 명의 사용자를 모으는 데 10개월은커녕 2개월이나 며칠밖에 걸리지 않았다. 급격한 기술 발전과 변화로 인해 다양한 이해관계가 충돌하면서 생기는 심각한 문제를 연구하고 논의하고 정리할 시간 자체가 없었다는 얘기다.

다시 말해, 지금 인공지능 같은 기술이 우리를 혼란스럽게 하는 건 당연하다. 한두 달 혹은 며칠에 불과한 이 비현실적인 속도는 우리 감각을 정신없이 뒤흔든다. 몰아치는 속도감에 휘둘리면서 두려움과 기대를 동시에 느낀다. 이런 상황에서 우리가 AI를 대하는 방식은 크게 네 가지로 정리된다.

1. 인간 중심의 제작 방식을 지키기
: AI를 무시하고 인간이 모든 과정을 주도한다.

2. AI를 보조적으로 활용하기

콘텐츠 생산을 인간이 주도하되 AI를 보조 수단으로 활용한다.

3. AI를 주도적으로 활용하기

: AI에 많은 것을 의존하지만 최종 결과물은 인간이 책임진다.

4. AI에게 모든 것을 위임하기

: 제작뿐 아니라 실시간 라이브도 AI에 위임해 100퍼센트 생산을 맡긴다.

2025년 현재, AI 활용 단계 중에서 아직은 2번과 3번이 주된 흐름이다. 그러나 조만간 3번과 4번으로 이동하리라 예상된다. 이로 인해 인간 창작자의 역할도 재정의될 수밖에 없다. 다음과 같은 세 가지를 꼽을 수 있을 것 같다.

1. 전략가: 기존 창작자는 퀄리티를 높이는 기술을 연마하는 것이 중요했다. 그러나 AI 시대에는 기술을 활용한 전략을 세우고 실행하는 것이 중요할 것이다.

> 1인 창작자라도 전략적 리더십이 요구된다.
>
> 2. 큐레이터: 보조적이든 주도적이든, AI 도구가 창작에 본격적으로 개입하면서 생산성 자체도 비약적으로 향상될 것이다. 이런 상황에서 인간 창작자는 AI와 인간의 창작물 중에서 '좋은 것'을 선별하는 큐레이터 역할을 맡게 될 것이다.
>
> 3. 기술 숙련자: AI가 본격적으로 도입되면 어떤 창작자는 AI 도구를 능수능란하게 활용하는 전문가의 지위를 얻을 수 있다. 그 과정에서 전통적인 창작자와 다른 개념의 새로운 창작자가 등장할 수 있다.

본격적인 AI 시대가 오면 창작자는 의도와 상관없이 세 역할 중 하나를 선택하게 될 것이다. 여기서 창작자는 단순히 그림을 그리거나 음악을 만들거나 소설을 쓰는 등 '아티스트'의 범주에 그치지 않는다. 인스타그램에서 만화를 그리든, 블로그에 일기를 작성하든, 매거진에 심층 기획기사를 쓰든, 뉴스레터를 운영하든, 사실상 온라인에서 활동한다면 누구에게나 해당된다. 다시 말해 우리는 모두 크리에이터, 창작자이고 그 수준이나 지향이 어떻든 결과적으로 뭔가를 만들어서 사람들과 공유하는 존재다. 그걸 통해 명성을 얻거나 신뢰를 쌓거나 수익을 거두는 것은 다른 문제지만, 본질적으로 창의적인 존재인 것이다.

AI는 바로 이 점을 건드린다. 창작자로서 우리의 가능성을 넓히고 활동 범위를 확장한다. 그 과정에서 '창작'의 본래 의미가 다시 정의될 가능성도 높다. 알다시피 AI는 이미 전문가와 연구자의 이슈가 아니다. MS워드나 포토샵처럼 일상적인 도구가 되어 간다. 이게 바로 지금, AI가 중요한 이유다.

'AI 서비스로 월 천만 원 벌기' 같은 말에 휘둘리지 않기

앞서 말한 대로, 나는 2025년 5월부터 AI로 팟캐스트를 만들기 시작했다. 하지만 그보다 앞서 뉴스레터에 먼저 AI를 적용했다. 음악산업에서 AI가 본격적으로 등장한 게 2023년에서 2024년 사이였기 때문에 나는 가능한 한 다양한 곳에서 AI에 대한 최신 소식을 접하고 있었다. 그렇다 보니 음악뿐 아니라 다양한 분야에서 AI를 활용하는 상황을 거의 실시간으로 확인할 수 있었고, 그중엔 내가 운영하는 뉴스레터에 바로 접목할 수 있는 것도 많았다.

처음엔 '라이너 AI'라는 국내 서비스를 사용했다. 검색에 특화된 AI로 여타 AI 서비스보다 훨씬 믿을 만한 정보를 찾아 줬다. 논문이나 기사 같은 전문적인 글쓰기를 돕는 기능도 만족스러웠다. 그러다가 챗GPT와 클로드를 유료로 사용하기 시작했다. 두 서비스는 뉴스레터 콘텐츠가 아니라 사업전략을 고민할 때 어시스턴트로 활용했다. 2024년 말부터 대부분의 AI 서비스에 '메모리' 기능이 업데이트되었는데, 그걸 활용하면 내가 해 온

일을 근거로 앞으로 무엇을 하고 싶은지 설정할 수 있었다. AI 서비스는 말 그대로 나의 동업자나 조수 같은 역할을 맡았다.

> "뉴스레터 '차우진의 엔터문화연구소' 유료 구독 전환율을 높이고 싶은데, 어떤 방향을 고려하면 좋을지 제안해 줘. 나는 혼자 일하기 때문에 할 수 있는 일의 범위가 제한적이란 사실을 기억해 줘. 필요한 데이터는 첨부파일을 참고하면 돼."

조금 한가한 주말에는 AI에 이런 질문을 던지면서 여러 기획을 새로 정리해 봤다. 'AI를 보조적으로 사용'하면서 내 역할이 점점 '전략가'로 바뀌는 체험을 한 것이다. 챗GPT와 클로드가 나의 전략적 어시스턴트였다면, 젠스파크Genspark는 디자이너 인턴이었다. 이 도구는 라이너 AI처럼 검색에 특화된 서비스였지만, 2025년 초에 갑자기 슬라이드 기능을 고도화시켰다. 강의나 발표에서 사용할 PPT나 PDF 자료를 순식간에 만들어 줬다. 자세한 주문을 할 필요도, 자료를 업데이트할 필요도 없었다. 그저 "예술 전공 3학년 대학생의 교양수업에서 음악산업의 미래에 대해 발표할 15분 분량의 슬라이드 자료를 만들어 줘. 세부 내용은 '차우진의 엔터문화연구소' 뉴스레터를 참고하면 돼"라고 프롬프트를 입력하면 10장 정도의 슬라이드 자료가 나왔다. 기존에 내가 만든 강의나 발표 자료는 매우 단순한 구성이었는데, 이 정도의 주문만으로도 전문적인 자료를 만들어 냈다.

그러던 중, 2025년 5월에 구글 제미나이Gemini가 대규모 업데이트를 하면서 노트북LM의 한국어 버전을 비롯해 '딥 리서치' 기능과 VEO3라는 동영상 생성 기능 등을 한꺼번에 선보였다. 구글 제미나이는 이제까지 나온 모든 AI 리서치 기능 중에서 단연 독보적으로 수준이 높을 뿐 아니라 문서로 작성한 리서치 결과를 구글 문서와 음성파일로도 만들어 줬다. 이 업데이트로 자료조사 시간이 대폭 줄었고, 내용 면에서도 내가 놓치거나 빠뜨린 부분까지 채워 줬다. 5월 한 달간 제미나이로 모은 자료를 토대로 뉴스레터를 한번 발행해 봤다.

그런데 머지않아 문제가 생겼다. 제미나이로 제작한 뉴스레터는 너무 길고 재미가 없었다. 마치 '보고를 위한 보고서' 같았다. 앞 장에서 나는 내 뉴스레터가 어렵다는 피드백에도 불구하고 전문성을 고수했다고 말했는데, 그럼에도 AI의 리서치를 토대로 작성한 뉴스레터는 해도 너무한 느낌이었다. 어우, 재미없어.

이렇게 한번 재미없다고 느끼자 뉴스레터 발행에 AI를 쓰는 일, 나아가 AI를 업무에 적용하는 일 자체를 다시 생각하게 되었다. 마침 스레드를 비롯해 인스타그램과 링크드인, 유튜브 같은 소셜미디어에 AI로 쉽게 콘텐츠 만드는 법과 단기간에 수익 얻는 법에 대한 광고가 쏟아지고 있었다. 'AI 서비스로 월 천만 원 벌기' 같은 제목이 사람들의 폭발적인 관심을 받았다. 하지만 우리는 모두 알고 있다. AI로 콘텐츠를 만드는 것과 AI로 월 천만 원을 버는 건 완전히 다른 문제다. 그 사이에는 너무 많은 것이 생략되어 있다. 누구나 뭔가를 만들 수 있다. 그리고 이건 1년 전, 10년 전, 100년 전에도 마찬가지였다. 하지만 그 결과가 작품이 되고 상품이 되는 건 다른 얘기다(25년 넘게 평론가로 일하는 사람이 하는 말이니 한 번쯤은 믿어 달라).

중요한 건 AI로 월 천만 원을 벌 수 있다는 게 아니다. 이것만은 확실히 말할 수 있다. 진짜 중요한 건 AI로 우리 삶이 어떻게 바뀌느냐다. AI로 내가 하는 일이 어떻게 달라지느냐다. AI로 내 사회적 정체성이 어떤 영향을 받느냐다. 이것은 AI가 내 직업을 빼앗는다거나 나를 부자로 만들어 줄 수 있다는 것과는 다른 차원의 얘기다. 2025년 5월 이후로 나는 이 질문을 계속하고 있다. 이건 2015년 무렵의 내가 느꼈던 당혹감과 불안, 기대와 비슷하다.

어? 세상이 '계속' 바뀌고 있네?!: AI를 대하는 네 가지 자세

역사책에 실린 사회 변화는 마치 순식간에 일어난 것 같지만, '리얼타임'으로 보면 혁신은 오랫동안 천천히 이루어진다. 이탈리아에서 시작되어 유럽 전역으로 확산된 르네상스는 약 300년에 걸쳐 진행되었다. 1517년 마르틴 루터가 '95개조 반박문'을 발표하면서 시작된 종교개혁은 약 130년 정도 걸렸고, 18세기 중반 증기기관 발명과 기계 도입으로 생산방식의 대전환을 이룬 산업혁명은 최소한 100년이 걸렸다. 1980년대부터 CD, 컴퓨터, 인터넷, 무선통신 등등으로 시작된 디지털 전환은? 50년이 지난 지금까지도 진행 중이다.

다시 말해, 지금 AI가 야기하는 변화와 혼란은 '역사적 관점'에서는 찰나에 불과할 수 있다. 이런 상황에서 'AI 서비스로 월 천만 원 벌기' 같은 문구에 낚이면 곤란하다. 2024년 12월 AI 이슈가 2025년 5월에는 의미 없는 것이 된다. 아예 언급할 가치도 없는 정보가 되었다는 얘기다. 그 정도로 AI는 빠르게 진화하고 있다. 이 진화의 속도에 휘둘리지 않으려면 좀 더 단단하고 무거운 뭔가가 필요하다. 바로 철학과 태도다.

뉴스레터 작성이든, 뉴스레터의 수익모델을 고도화하는 전략이든, AI를 본격적으로 도입하면서 나는 몇 가지를 새로 배웠다. 그중 가장 큰 배움은 바로 일단 시작해야 알 수 있는 것이 있다는 사실이다. 물론 머리로는 알 수 있다. 잘 정돈된 기사와 보고서를 읽고 요약하면서 '아, 이게 이런 식으로 작동하는구나!' '오, 이런 문제가 생길 수도 있군!' 생각할 순 있지만 그게 곧 아는 건 아니다. 미디어에 등장하는 성공했다는 사람들이 자주 말하듯, 앎이란 바로 몸으로 체득하는 것이기 때문이다.

21세기는 기술, 미디어, 콘텐츠, 공동체의 시대다. 누가 뭐래도 그러하다. 5년간 600회 이상의 뉴스레터를 보내고 7000명 이상의 구독자와 직접 연결되면서 깨달은 것은 미래엔 '인디펜던트로 오래 살아남는 방법'이 중요해지리라는 점 그리고 '리더십이야말로 핵심 가치'가 되리라는 점이다. 우리는 지금 기존 가치관이 전환되는 시기를 지나고 있다. 직장, 가족, 사회, 공동체뿐 아니라 정체성, 윤리, 관계 등의 개념이 모두 새로 정의될 것이다. 이런 대전환 시대에는 오히려 변하지 않는 본질적인 것이 중요해진다.

그런데 우리가 지금 알고 있는 '본질'이란 겨우 100년 정도의 시간 동안 사회적으로 확립된 것일 가능성이 크다. 100년 전인 1920년대 한국인의 평균수명은 37.4세였다. 그래서 열여섯 살에 결혼하고, 열아홉 살에 부모가 되고, 서른 살에는 손주를 봤다. 지금은 말도 안 되는 얘기다. 2025년 한국인의 기대수명은 83.5세다. 여기에 맞춰 교육, 노동, 결혼, 출산 같은 생애주기를 비롯해 사회구조와 경제체계도 정립된다. 우리가 지금 알고 믿는 것이 10년 혹은 20년 뒤에는 어떻게 바뀔지 모른다. 이렇게 개념이 재정의되는 시대에 필요한 건 의심하고 질문하는 일이다. 바로 이렇게.

+ 과연 이게 앞으로도 통용되는 얘기일까?

이런 질문을 던지지 않는다면 변화의 속도감에 잡아먹히고 말 것이다. 그래서 마음가짐을 네 가지로 정리해 봤다. 어렵지는 않다. 어쩌면 당연하게 들릴지도 모른다. 하지만 이걸 읽고 고개를 끄덕이기보다 당장 하나씩 직접 실행해 보는 게 더 가치 있다고 생각한다.

> 1. 작게 시작해서 점진적으로 확대할 것.
> 2. 완벽을 추구하기보다 꾸준히 실험할 것.
> 3. AI는 도구로 쓰되 최종 결정은 스스로 내릴 것.
> 4. 호기심을 유지하고 지속적으로 공부할 것.

이 중에서 네 번째, 공부하는 마음을 계속 유지하는 것이 가장 중요하다. 공부하는 마음은 부족함을 아는 데서 나온다. 나의 미숙함, 빈틈, 한계 등을 알고 거기서부터 시작하는 게 바로 공부하는 마음이다. 무서울 정도로 거대한 변화를 열린 마음으로 대하는 용기가 바로 공부하는 마음이다. 앞서 말했듯, 현재의 변화는 몇 개월이나 몇 년 만에 완성되는 것이 아니다. 종교개혁이나 산업혁명처럼 100년 넘게 지속될지도 모른다. 우리는 어쩌면 한평생 이 혁명적인 변화에 휘둘릴 수도 있다. 그러니 걱정 말자. 호기심을 가지고 실험하며 배울 시간은 충분하다.

크리에이티브는 모험의 영역: 급변하는 세계에서 변하지 않는 것

나는 음악이든 콘텐츠든 '산업'에 대해 다룰 때, 그러니까 이 주제로 글을 쓰거나 말할 때 빠지는 함정이 있다고 생각한다. '함정'이라는 단어에 밑줄. 그게 뭐냐면 바로 '숫자'나 '지표'처럼 '객관화'된 정보에서 결과를 도출해야 한다는 믿음이다. 이 믿음은 데이터를 근본적인 것으로 사고하게 만들고, 데이터에 기반하지 않은 생각을 '상상'이나 '편향'으로 단정 짓게 한다.

물론 데이터가 중요한 분야나 타이밍이 있다. 하지만 언제나 최우선은 아니다. 특히 상상력에 기반한 음악이나 콘텐츠 영역에서 데이터는 방향을 결정하지 못한다고 본다. 왜일까?

데이터는 어떤 사건의 결과이기 때문이다. 특정 결과로부터 유추할 수 있는 원인은 매우 제한적이다. 우리에게 필요한 건 좀 더 입체적인 지도다. 입체적인 지도를 만들려면 더 많은, 더 넓은 영역의 데이터가 필요하다. 여기에는 숫자 외에 감각이나 경험도 포함된다. 다시 말해 창의적인 분야에서도 데이터는 중요하지만, 데이터가 창의성을 제공하진 않는다. 의미 있는 것은 정말로 주관적인 것이다. 주관적인 이야기야말로 귀 기울여 들을 가치가 있다.

나는 세상일의 대부분은 보편성과 특수성으로 나뉜다고 믿는다. 'AI가 바꾸는 미래'라는 주제는 보편성의 영역에 있다. "내가 AI를 써 봤더니……" 같은 이야기는 특수성의 영역에 있다. 가치 있는 얘기는 그 둘의 교집합에 있다. 특수한 경험이나 체험에서만 통찰력을 기대할 수 있기 때문이다. 특히 누구나 대규모 데이터에 접근할 수 있고 보편적인 정보를 학습할 수 있는 시대에 특수한 경험은 더 중요해질 것이다. 전 세계 음악 팬이 스트리밍서비스로 수십억 곡에 언제든 접속할 수 있는 시대에 겨우 몇만 명, 몇천 명 혹은 몇백 명이 체험하는 콘서트가 각광받는 것처럼, 디지털이 지배하는 시대에 오프라인의 경험, 몸으로 직접 체험하는 순간이 중요해지리라는 얘기다.

인공지능이든 빅데이터든, 이러한 신기술이 확 부상하는 속도에 휩쓸리지 않으려면 자신의 감각에 집중하는 훈련이 필요하다. 다만 어중간하지 않게, 조금 과하다

싶을 정도로 그 감각을 밀어붙이고 그 한계선에서 내 몸과 정신이 무엇을 어떻게 느끼는지에 집중할 필요가 있다. 그렇지 않으면 쏟아지는 정보를 지식과 혼동하게 된다. 중요하니까 한번 더 말하자. 정보를 지식(때론 지혜나 통찰)과 혼동하지 말 것. 보편적인 얘기보다 특수한 얘기에 귀를 기울일 것. 어중간한 경험은 때론 무시할 것.

이것은 미디어 산업의 흥망성쇠를 경험하고 뉴스레터를 발행하면서 깨달은 사실이다. 또한 나 자신에게 강조하는 말이기도 하다. 데이터는 안전한 곳을 지향한다. 크리에이티브는 미지의 장소를 향한다.

그러면 AI 시대의 크리에이티브는 뭘까? 바로 남과 달라지는 것이다.

많은 사람이 크리에이티브, 창의성을 감각으로 이해한다. 그래서 타고난 것, 우연한 것, 심지어 천재적인 것으로 정의한다. 하지만 내게 크리에이티브는 타고난 감각도, 천재적인 것도 아니다. 창의성은 고유한 관점과 열린 태도를 통해 훈련된 것이다. 그리고, 이게 중요한데, 훈련의 핵심은 바로 모험이다. 얼마나 많이 보고, 경험하고, 비교하고, 고민했는지가 창의성을 좌우한다.

이때 창의성(혹은 창작자)의 핵심이 바로 남과 달라지는 것이다. 이제껏 경험한 것을 이리저리 비교해서 결국 더 나은 것을 만들고자 하는 욕망 또한 남과 달라지기 위한 과정이다. 콘텐츠는 제품이 아니다. 편의성과 실용성이 중요한 제품은 계속 '개선'되겠지만, 콘텐츠는 좋아요, 댓글, 공유, 구독 같은 반응이 기준이므로 '참신함'이나 '통찰' 같은 요소로 신뢰를 얻는다.

그런데 우리가 흔히 '신선하다'고 표현하고 느끼는 것은 애초에 '이상함'에 가깝다. 익숙한 것과 다르기 때문이다. 비주얼의 낯섦, 사운드의 낯섦 등 모든 낯선 것은 처음엔 죄다 이상하게 느껴진다. 식상하고 뻔한 것 속에서 그나마 오래가는 것은 대체로 이상하고 낯설고 다르게 시작한 경우가 많다. 그래서 창작은 '그저 남들과 조금이라도 달라지기 위해 애쓰는 행위'라고 정의할 수 있다. 달라지는 것이야말로 크리에이티브의 핵심이다.

첫 뉴스레터를 보냈을 때도 그랬지만, 2025년에 AI를 이렇게 저렇게 써 보면서 새삼 이 가설을 더 중요하게 생각하게 되었다. 남들과 달라지는 것이야말로 가장 합리적인 전략이다.

5

이
시대
창작자에게
제일
필요한
것

'미드저니'MidJourney는 영어 단어 몇 개로 그림을 제작하는 인공지능 도구다. 회원 가입도 필요 없다. 말 그대로 '고대 유적지 배경, 아름답고 강렬한 석양, 여행 중인 가족의 실루엣'이라는 단어를 입력하기만 해도 AI가 작동한다. 근사한 그림이 나오기까지 단 몇 초면 충분하다.

2022년, 한 게임 회사의 대표가 미국 콜로라도주의 미술 대회에 미드저니로 제작한 그림을 출품해 1위를 차지했다. 이 사실이 알려지자 AI 창작물이 예술인지 아닌지에 대한 논쟁이 벌어졌고, 어떤 사람들은 미드저니를 이용해 그림을 만들어 보기 시작했다. 이런 일이 미술에서만 벌어지는 건 아니다. 음악 분야에선 이미 AI가 활용되고 있다. 특히 예능이나 다큐, 드라마 같은 방송 영상물의 배경음악이나 사운드트랙으로 AI 작곡가의 결과물을 사용한다. 얼마 전에는 AI가 쓴 시를 모은 시집이 출간되기도 했고, 일본의 어느 AI는 단편소설을 써서 신인상도 받았다.

나 역시 AI로 만든 음악을 블록체인에 올려 대체불가토큰NFT으로 발행하는 기술을 가진 스타트업의 컨설팅을 진행한 적이 있다. 이 회사는 누구나 음악을 만들 수 있는 서비스를 제공하는데 그치지 않고 그렇게 만든 음악의 소유권, 저작권, 판권을 관리하는 일까지 돕는다. 악보를 보거나 그리지 못하는 사람도 쉽게 음악을 만들 수 있도록 음표 값이나 코드chord(화음)가 아닌 우울함이나 경쾌함 등 분위기로 버튼을 표시한다. 몇 개의 버튼을 누르는 것만으로 1분 정도 길이의 음악을 만들 수 있다. 그게 좋은지 나쁜지는 모르겠지만, 중요한 것은 일상적이고 광범위한 변화는 이미 시작됐다는 사실이다.

    AI의 기술적 역할과 사회적 지위, 활용 범위와 직업윤리 등에 대한 논쟁이 벌어질 때마다 우리는 '창작이야말로 인간의 영역'이라는 입장을 고수했다. 그런데 최근 빠르게 확장되는 AI의 활용 범위는 이런 입장을 재고하게 만든다. 어떤 이는 '창작은 여전히 인간의 영역'이라는 입장을 고수하고, 어떤 이는 '이제 AI의 창의성을 인정할 때가 왔다'고 주장한다. AI 저작물에 대해 저작권, 초상권, 출판권 같은 법적인 보호조치가 취해져야 한다는 주장도 있다. 나로서는 양쪽 의견을 모두 이해하는 편이다. 다만 생각의 방향을 조금 바꾸어 질문하고 싶다. AI의 창의성을 인정하느냐 마느냐 하는 논의는 인간 중심의 세계관을 조금 확장한 데에 지나지 않느냐고 말이다.

창의성이 인간성을 증명하는 수단은 아니다. 오히려 인간을 정의하는 것은 창작 행위가 아니라 사회적 행동이다. 그러한 행동의 동기에는 이타심, 존중, 배려, 동정심과 죄의식 같은 감정이 있다.

한편 나는 AI 같은 기술적 인프라가 창작자를 도와주는 역할에 머물 것이라는 주장에도 반대한다. AI는 창작자를 도와준다기보다 거의 모든 사용자를 창작자로 바꿀 것이라고 보기 때문이다. 그 둘은 비슷하지만 완전히 다르다. 오히려 AI 창작 도구는 창작물의 인플레이션을 야기할 것이다.

지금 우리는 10년은커녕 1년 뒤의 세계도 예측하기 어려운 시대에 살고 있다. 이런 상황에서 창작자가 생존하려면 앞으로 이 두 가지가 점점 더 중요해질 것이다. 바로 재능의 자산화와 리더십이다.

창작자는 3단계를 거치며 성장한다

 내가 볼 때 창작자는 크게 3단계로 성장한다. 1단계는 '재능의 발견'이다. 많은 칭찬을 받고 자신의 재능을 알아차리는 단계다. 주변에서 "너 그거 잘하더라"는 얘기를 듣고서 누가 시키지도 않았는데 '그 일'을 계속한다. 몰입한다. 밤도 새운다. 자발적으로 공부도 한다. 남과 비교도 하고 좌절도 한다. 누군가는 포기하지만, 누군가는 괜히 억울하고 분하고 경쟁심에 사로잡혀 더 애쓴다. 더 칭찬받고 싶고 더 잘하고 싶어진다. 그러면서 실력이 늘고, 경쟁에서 이기는 노하우도 생긴다.

 2020년대는 그 어느 때보다 기술이 고도화되고, 그 기술에 대한 접근성도 높아진 시대다. 덕분에 자신의 재능을 발휘할 기회도 많아졌다. '누구나 창작자가 될 수 있다'는 말이 나온 배경이다. 경쟁이 심해지긴 했어도 과거에 비해 재능을 꽃피울 가능성이 높아진 건 사실이다.

 소셜미디어는 단순히 '좋아요 기계'가 아니다. 미디어이자 창작을 위한 도구다. 인스타그램은 사진과 동영상을 공유하는 미디어인 동시에 콘텐츠를 찍고 편집하고 배포하는 도구다. 심지어 요즘엔 인스타그램에서 긴 글도 읽는다. AI는 이런 환경을 더 고도화하고 가속화할 것이다. 마음만 먹으면 단편영화도, 뮤직비디오도, 애니메이션도 만들 수 있다. 의지만 있다면 최신 논문을 번역해서 읽고, 그걸 기반으로 실험도 할 수 있다. 코딩을 몰라도 AI로 인터넷과 앱 서비스를 만들고 글로벌 동시 론칭도 할 수 있다. 재능과 의지만 있다면 말이다.

2단계는 '자원 활용'이다. 발견한 재능을 발휘하면서 '이쪽으로 한번 가 볼까?' 하는 생각이 드는, 다시 말해 재능을 기반으로 진로를 고민하는 단계다. 이때는 두 가지 가능성이 있다. 하나는 제도교육을 통해 전문가 과정을 밟는 것이고, 다른 하나는 곧장 시장으로 진입해 프로(돈 받고 일하는 사람)가 되는 것이다.

뉴미디어 환경에서는 후자가 압도적으로 많아진다. 지금은 기술과 시장이 제도보다 훨씬 빠르게 변하는 시기다. AI로 뮤직비디오를 만들고 바이럴까지 된다면 제도권에서 영상편집을 배우는 것보다 바로 사업을 시작하는 게 더 나은 선택일 수 있다. 어쨌든 이 단계에선 체계적인 지식 습득, 다시 말해 공부가 필요하다. 이를 통해 창작자는 '자원'을 확보하게 된다.

가장 큰 자원은 네트워크다. 인맥이라기보다는 좀 더 넓은 의미에서 경험과 관계라고 할 수 있다. 비슷한 경험을 가진 친구들과 함께 성장하는 시기이기도 하다. 누구나 처음에는 꼬꼬마로 시작한다. 실패하고 좌절한다. 하나둘 곁을 떠나는 사람도 생긴다. 그러나 누군가는 끝까지 남는다. 그 과정을 함께 겪은 관계는 대체 불가능하다. 각자 자기 영역에서 실력을 인정받으면서 함께 성장하는 동료가 생긴다.

3단계인 '재능의 자산화'는 순환의 단계다. 콘텐츠 창작자(그러니까 글이든 그림이든 영상이든 사진이든 음악이든, 무엇이든 만들어 내는 전문가 집단)는 대체로 무형의 기술자로, '재능을 기반으로 기술적 완성도를 높여 지속 가능한 상황을 만드는 사람'이다. 지금 같은 기술 시대가 바로 이런 그룹을 해체시키고 있다. 기술을 습득하지 못한 사람, 비전문가가 기존 시장에 진입하기 쉬워지고, 그래서 경쟁도 늘고 산업구조도 재편된다.

그래서 창작자는 재능과 자원을 자산화할 방법을 고민해야 한다. 그런데 과연 '창작자의 자산'이란 무엇일까? 원래 자산이란 경제적 가치를 가진 재화, 돈으로 환

창작자의 3단계 성장 과정

산할 수 있는 무언가를 뜻한다. 재능으로 돈을 번다면 재능이 자산이고, 인맥으로 돈을 번다면 인맥이 자산이다. 그런데 요즘에 자산은 '자동으로 가치를 재생산하는 플라이휠'로 여겨진다. '내가 자는 동안에도 돈을 버는 구조'라고 해도 좋을 것이다. 이걸 창작자에게 응용하면 재능과 자원이 경제적 가치로 전환되는 것을 넘어 순환구조를 만들 수 있느냐는 문제가 된다. 재능이 닳거나(재능은 소모품이다) 변화를 따라가지 못하거나 혹은 다른 이유로 재능의 시장가치가 사라지면 순환구조는 만들어지지 않는다.

좀 더 쉽게 얘기하면, 재능을 발휘해서 프리랜서나 1인 사업가로 일하는 건 1단계와 2단계에 해당한다. 이것만으로도 훌륭하다. 잘 알려진 성공한 창작자는 이 단계에서 성과를 만들었다. 그런데 어떤 사람들은 3단계로 확장한다. 재능과 자원을 자산으로 바꾸는 것이다. 한스 짐머는 '리모트컨트롤 프로덕션'이라는 회사를 설립해 영화산업 구조의 한 부분을 차지했다. 아바의 비에른 울바에우스는 '팝하우스 엔터테인먼트'를 설립해 아비치, 신디 로퍼 같은 음악가와 공동제작 구조를 만들고,

2020년대에는 홀로그램 콘서트 '아바 보야지'를 제작했다. 이슬아 작가는 헤엄출판사와 주식회사 이슬아컴퍼니를 설립해 자신의 저작물을 직접 관리한다.

재능의 자산화 단계는 단순히 아티스트로서 사업을 하는 단계가 아니다. 자신의 재능과 자원을 기반으로 만든 결과물의 권리를 관리하고 확장하는 단계다. 아무나 할 수 있는 건 아니지만, 누구나 시도해 볼 수는 있다. 3단계의 핵심은 권리, 즉 IP(지식재산권)를 직접 소유하고 관리하는 구조에 있다.

또 하나 중요한 것, '리더십'

2012년, 한 기획사로부터 케이팝 보이 그룹 연습생을 위한 교양수업을 맡아 달라는 부탁을 받았다. 당시는 케이팝이 일본과 동남아시아를 넘어 유럽과 미국까지 막 진출한 시점이었다. 케이팝 아이돌 제작에 참여하는 것은 처음이었다. 당시에는 아이돌 연습생을 위한 교양수업 자체가 흔치 않았다. 그러나 내게 연락한 메이저 회사는 글로벌 미디어가 케이팝에 큰 관심을 기울이는 때에 멤버들이 다양한 인터뷰에 대응할 필요가 있고 또한 자연스럽게 드러나는 멤버들의 교양이나 취향이 초기 팬을 모으는 데 도움이 될 것이라 판단했다.

나는 신이 나서 바로 준비해 보겠다고 수락했다. 기획사나 보이 그룹의 명성 때문은 아니었다. 어쨌든 사회의 구성원으로서 아이돌 멤버도 훈련에만 매진하기보다 다양한 교양과 경험도 쌓아야 한다는 생각에서였다. 멤버들은 적게는 열일곱, 많아야 스무 살이었다. 이들을 보면서 아이돌이 되든 안 되든, 무한 경쟁 상태에 놓인 한국의 10대에게 교양이야말로 내일을 위한 나침반이라고 생각했다. 대부분 사람들은 살면서 실패와 좌절을 경험한다. 그 압도적인 감각을 힘껏 껴안으면서 견디든, 무리해서 극복하든, 어쨌든 무너지지 않고 앞으로 나아갈 수 있어야 한다. 그때 필요한 나침반 하나쯤 준비하는 걸 내가 도울 수 있으면 좋겠다고 생각했다.

프로젝트는 오래 지속되지 못했다. 내 수업이 우선순위에서 거듭 밀린 까닭이다. 하지만 그때의 고민과 경험은 내게 계속 영향을 미쳤다. 그리고 AI라는 시대적 화두와 만나면서 이 고민은 마침내 '창작자의 리더십'이란 개념으로 정리되었다.

리더십의 관습적 정의는 '사람들을 이끌고 결과를 창출하는 능력'이다. 하지만 시대에 따라 그 정의와 범위는 달랐다. 19세기에는 리더십을 타고난 자질(지능, 카리스마, 용기 등)로 이해했다. 고대 신화의 영웅처럼 리더를 정의한 것이다. 20세기에는 훈련과 상황에 따른 결과로 이해했는데, '자리가 사람을 만든다'는 얘기와 같은 뜻이다.

그렇다면 창작자에게 리더십이 왜 중요해질까?

거듭 강조하지만, 지금은 미디어와 기술이 고도화된 시대다. 이런 시대에는 촘촘하고 밀도 높은 관계가 중요하다. 이게 커뮤니티다. 요즘 부쩍 게시판 커뮤니티, 아이돌 팬덤, 독서 모임, 단톡방 등이 주목받는 이유는 니치 미디어 시대가 곧 커뮤니티의 시대이기 때문이다. 그런데 건강한 공동체는 상호작용하면서 함께 성장하는 관계로 구축된다. 작은 공동체의 시대에 리더십이 중요한 이유다.

커뮤니티 시대에 필요한 리더십은 행동사회학적 관점에서 정의될 수 있다. 한 집단/사회 내에서 개인과 집단의 행동, 상호작용, 규범 형성과 변화를 연구하는 행동사회학에서 리더십은 단순히 명령을 내리는 역할을 넘어 구성원의 행동양식을 형성하고 사회적 규범을 구축하는 데 큰 영향을 미치는 역할을 한다. 요약하면, 올바른 의사결정을 위한 리더십이 필요하다.

과거에는 합리적인 의사결정이 중요했다. 여기서 '합리성'은 효율이었다. 하지만 앞으로는 많은 사람이 얘기하듯 올바른 의사결정, 즉 '윤리'가 더 중요해질 수 있다. 정보와 지식의 양이 기하급수적으로 늘어날 때 필요한 건 우선순위를 나누는 가치 판단이기 때문이다. 우리에게는 더 많은 지식이 아니라 더 많은 지혜가 필요하다.

지혜는 개념적으로 지식, 통찰, 태도로 분해할 수 있다. 지식은 습득한 정보의 양이 늘어나면 얻을 수 있는 결과다. 다만 과거를 기반으로 현재 문제에 집중하는 게 지식이라면, 정보는 동시대의 변화와 비교적 더 밀접하다. 하지만 지혜는 핵심과 본질만 남기고 이 모든 걸 과감히 버릴 때 비로소 얻는 과실이다.

내가 생각하는 올바른 의사결정을 위한 리더십은 '함께 성장하는 관계를 통해 지혜를 기르는 역량'이다. 팬덤을 예로 들면, 아티스트가 자신의 팬들과 함께 고민하고 성장하기 위해 노력할 때 팬덤도 유지되고 확장된다. 인성이 타고나는 것이라면 리더십은 훈련으로 얻을 수 있다. 천성을 바꾸진 못하겠지만, 훈련을 통해 천성을 리더십에 활용할 수는 있을 것이다. 창작자라면 반드시 리더십을 제대로 이해해야 성장할 수 있다고 생각한다. 상상 이상으로 빨리 성장하는 AI와 공존하려면 우리는 더 똑똑해져야 하는 게 아니라 더 옳은 결정을 내릴 수 있어야 하기 때문이다.

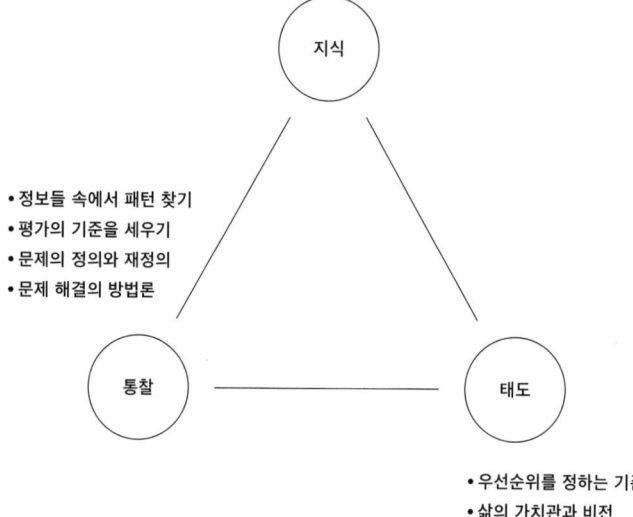

지혜의 핵심과 본질

우리는 어떻게 좌절하지 않고 사랑할 수 있을까

2014년 어느 날, 어떤 문장 하나가 문득 머릿속에 떠올랐다. "우리는 어떻게 좌절하지 않고 사랑할 수 있을까?" 이 문장이 스쳐 지나가지 않고 머릿속을 계속 맴돌았다. 그래서 같은 제목으로 칼럼을 쓰고, 이벤트를 기획하고, 북토크를 열고 강연도 했다. 반응은 좋았다. 다만 "연애 얘기가 아니었군요!"라는 피드백을 매번 들었다. '사랑'과 '좌절'이란 단어를 나란히 놓으면 '연애에 실패한 사람들의 자존감 회복 모임'처럼 보일 수밖에 없을 것도 같다. 정작 그 내용은 '좋아하는 일을 계속하기 위한 고민'이었는데 말이다. 왜 나는 10년 넘게 이 말에 사로잡혔을까?

2012년 무렵부터 나는 기회가 될 때마다 미디어산업 관계자를 만나려고 애썼다. 언론사, 포털, 매거진, 출판사 등 업계에만 국한된 건 아니었다. 돌아보니 VOD, 스트리밍, 갤러리, 편집 숍, 소극장, 공연장, 카페, 서점 등등 디지털이든 피지컬이든 어떤 제품을 판매하는 사업 구조에 속한 사람들을 최대한 많이 만나려고 했다. 앞서 얘기한 대로 내 정체성은 음악 업계가 아니라 미디어 업계에 있다고 생각했기 때문이다. 그리고 미디어란 말 그대로 '매개'하면서 가치를 만드는 것이다.

2012년은 스마트폰과 소셜미디어가 등장하면서 미디어 업계의 구조가 크게 바뀐 시기였다. 덕분에 내가 하는 일도 위태로워졌다. IPTV, 아이폰, 아이패드 등 새로운 판에서 새로운 기회도 생겼지만, 그보다는 '글을 쓴다'는 나의 정체성과 지속 가능성이 크게 위협받는다는 인상이 강했다. 2000년, 새로운 기술인 인터넷 덕분에 글을 쓰고 취직하고 커리어를 쌓을 수 있었지만 바로 그 인터넷 기술이 고도화되면서 위협을 받았다. 아이러니했다.

사실 나는 '쓴다'를 매우 오랫동안 오해했던 건지도 모른다. 요즘 그렇게 느낀다. '글을 쓴다'는 행위는 매우 신화화되어 있다. 글쓰기는 왠지 숭고하고 위대한 일로 여겨진다. 인쇄 매체가 주류 미디어이고 언어를 다루는 것이 특별한 기술인 시대에는 그랬다. 하지만 지금은 아니다. 교육, 미디어, 사회와 제도가 완전히 바뀌었다. 한국만 해도 1990년대 이전과 이후는 상당히 다른 세계다. 1인당 GDP는 만 달러(1995년)에서 3만 5천 달러(2023년)로 늘었다. 대학 진학률도 51.4퍼센트(1995

년)에서 75퍼센트(2024년)로 늘었다.

갈수록 문해력이 떨어지고 사회갈등이 심화된다는 우려도 있지만, 대체로 낙관적인 나는 어떻게든 세상은 마침내 좋은 쪽으로 향한다고 생각하곤 한다. 50년 뒤, 100년 뒤 세상의 어떤 부분은 더 나빠지겠지만 대부분은 훨씬 좋아질 것이라고 말이다. 물론 긴장은 필요하다. 과거에 얽매이지 않는 것과 새로운 것에 무작정 환호하는 것은 다르기 때문이다. 이런 맥락에서 나는 '사랑'과 '좌절'이란 키워드를 계속 생각하게 된다. '우리는 어떻게 좌절하지 않고 사랑할 수 있을까?'라는 문장에 내가 사로잡힌 이유다.

내가 이 책에서 얘기하고 싶은 건 단순히 뉴스레터로 수익을 얻는 방법이 아니다. 엄밀히 말하면 내가 그 방법을 완전히 터득한 것도 아니니까. 나는 그저 쓰는 일을 사랑하고, 사랑하는 일을 계속하고 싶을 뿐이다. 그런데 상황이 여의치 않았다. 그 상황을 이해하기 위해 수많은 사람을 만나고, 다양한 책을 읽고, 바로 지금 눈앞에서 벌어지는 일과 앞으로 벌어질 일을 조사했다.

지난 5년간 뉴스레터를 발행하고 운영하면서 나는

일종의 실험을 한다고 생각했다. 그사이 뉴스레터로 유명해진 사람, 성공한 사람, 돈 잘 버는 사람의 소식을 들었다. 나도 사람인지라 그런 얘기를 들으면 스스로 한없이 작아지는 기분도 들었다. 지금은 좀 나아졌다. 그들과 내가 완전히 다른 종류의 인간이고, 서로 지향하는 바도 다르고, 운도 다르다는 걸 알았기 때문이다.

한때는 주장이 강한 글을 쓰고 싶었다. 강렬한 문장으로 마음을 흔들고 싶었다. 그렇게 글로써 생각을 바꾸고 행동을 바꾸고 세상을 바꾸고 싶었다. 혹은 혼신을 다해 좋아하는 것에 대해 쓰고 싶었다. 그 글로 사람들을 웃기고 울리고 싶었다. 아니, 어쩌면 한없이 아름다운 글을 쓰고 싶었는지도, 그 글로 내가 알지 못하는 사람들의 관심을 얻고 싶었는지도 모르겠다. 그런데 지금 나는 누군가에게 도움이 되는 글을 쓰고 싶다. 다른 미래를 고민하는 사람들과 연결되고 싶다. 가끔 나는 이것이 관심받고 싶은 마음과 무엇이 다른지 생각해 본다.

2000년대는 확실히 관심의 시대였다. 관심을 기반으로 무언가를 시작하고, 확장하고, 영향력도 얻었다. 그걸 '관심 경제' '주목 경제'라고 불렀다. 인터넷 세상에서 관심은 트래픽이다. 대량의 트래픽을 확보해야 광고도 팔 수 있었다. 검색이 잘 되도록 검색 최적화SEO도 필요했다. 그런데 이제 관심의 시대는 저물고 있다. 사람들은 네이버에서도, 구글에서도, 심지어 유튜브와 인스타그램과 틱톡에서도 정보를 찾지 않는다. 대신 AI에게 질문한다. 검색 기반의 인터넷 경제가 AI 기반의 경제 체제로 급격하게 바뀌고 있는 것이다. '관심'이 사라진 자리를 '지식'과 '맥락'이 차지하고 있다.

뉴스레터를 쓰려고 수많은 자료를 찾고, 밤을 새우고, 문장을 다듬다 보면 이게 도대체 뭐 하는 짓인지 짜증도 난다. 그때마다 떠올린다. 관심이 아니라 통찰이 중요하다. 팔로어의 규모가 아니라 밀도가 중요하다. 얼마나 많은 사람이 내 뉴스레터를 읽느냐가 아니라 나와 비슷한 생각을 가진 단 한 명의 독자를 찾는 게 중요하다. 경험에 기반한 통찰력은 쉽게 대체되기 어렵다. 이 마음으로 지난 5년간 뉴스레터를 썼다. 이 마음으로 앞으로 5년은 더 뉴스레터를 쓸 것이다.

지금 나는 나에게 투자하는 마음으로 보고 듣고 읽고 쓴다. 지난 25년간 그랬듯, 계속 사랑하기 위해 좌절하기를 반복한다. 나는 사랑이 아니라 좌절의 전문가다. 실패하면서 여기까지 왔다. 그러니 사실 지난 5년은 좌충우돌하느라 바빴다. 앞으로 5년은 달라질까? 모르겠다. 그저 무언가에 잡아먹히지 않으려 애쓰면서, 그저 사랑하는 마음을 지키려고 계속 움직일 것 같다. 그뿐이다.

부록

뉴스레터에 관해 많이 받는 질문들

+ 사람들은 어떤 지점에서 뉴스레터 유료 결제를 결심할까요? 지금까지 무료로 받아 보다가 유료로 결제하기를 결심하는 그 전환점은 무엇이 될지 궁금합니다. 그리고 그 결심은 꾸준히 뉴스레터를 받아 본 사람들이 많이 할지, 아니면 한두 번이나 두어 번 받아 보던 사람들이 즉흥적으로 많이 할지도요. 구독자의 유료 전환율과 관련한 데이터가 있을까요?

대부분의 데이터는 후행지표입니다. 원인보다는 결과를 확인할 수 있는 것이죠. 그래서 저는 데이터를 우선순위에 두지 않으려고 합니다. 특히 콘텐츠 비즈니스에서는 더더욱요. 데이터로 확인할 수 있는 게 별로 없으니까요. 게다가 모수 자체가 크지 않기 때문에(7천 명 구독자는 모수로서는 정말 너무 적습니다) 데이터로 파악할 수 있는 내용이 너무나 제한적입니다. 그래서 저 역시 제 뉴스레터의 유료 결제가 언제 일어나는지 궁금해요.(웃음) 다만 대체로 유료 결제는 꾸준히 받아 보던 사람보다는 새로 구독하는 사람이 더 많이 합니다. 제 경험이나 데이터로 낸 결론이 아니라 일반적인 경향이 그렇다고

해요. 그렇다면 이런 전제도 가능할 겁니다. '기존 구독자가 이탈하는 것을 막으려고 애쓰기보다 신규 구독자를 늘리는 것이 더 효율적이다'. 그래서 제 입장에선 뉴스레터의 새 구독자를 늘리고자 하는 노력과 유료 구독율을 높이고자 하는 노력은 사실상 같습니다. 그래서 제 뉴스레터에 관심을 가질 사람이 어디에서 주로 모이는지, 어떤 플랫폼을 사용하는지를 면밀히 살펴보고 있어요. 제가 링크드인에 주목하는 이유 또한 같은 맥락입니다.

+ 뉴스레터는 아무래도 지금의 화두, 이슈를 그때그때 다루게 되죠. 그러니 뉴스레터를 구독한다면 '지금 당장 이 글을 읽기 위해서 비용을 지불한다'기보다, '이런 글을 쓰는 사람의 다음 글을 보고 싶어서 비용을 지불한다'에 가까울 것 같습니다. 그런 신뢰를 얻으려고 어떤 노력을 하시는지 궁금합니다. 앞서 그중 하나로 '시간이 흘러 발행한 뉴스레터가 누적되도록 하는 것' 말고도 또 있을까요? 구독자에게서 신뢰나 유대감 나아가 충성심 같은 것을 자아내려고 따로 하시는 일들이 있는지

궁금합니다.

제 사업의 핵심은 구매 전환율을 높이는 것입니다. 이 비법은 사실 정말 다양한 영역에서 오랫동안 검증되어서 비법이라고 하기도 민망한데, 구매자의 호기심을 '계속' 자극하는 것입니다. 이 다음이 궁금해서 결제를 하게 하는 것이죠.

그런데 저는 주로 정보성 콘텐츠를 다룹니다. 이슈에 집중하지는 않아요. 왜냐하면 이슈를 그때그때 따르다 보면 그 이슈를 얼마나 빨리 소개하는지, 즉 뉴스레터 발행 속도가 중요해질 수밖에 없어서 기존 매체에 비해 경쟁력이 낮기 때문입니다. 그래서 이슈가 아니라 맥락이나 실제 문제 해결에 초점을 맞춘 콘텐츠를 만들죠.

이 과정에서 구매 전환은 호기심이 아니라 실용성에서 비롯된다고 봅니다. '이 다음 이야기가 궁금하다'가 아니라 '이 이야기가 진짜로 도움이 된다'에 가깝죠. 그래서 다른 곳에서 자주 볼 수 없는 이야기나 사례를 소개하려고 애씁니다. 제 뉴스레터가 보통의 사람들을 대상으로 했다면 이슈나 트렌드를 주로 다뤘을 겁니다. 하지만 제 뉴스레터의 핵심 독자는 특정 업계의 의사결정권자예요. 이들은 일반 대중이 관심 있는 트렌드나 이슈에 그리 반응하지 않을 것이라 생각합니다. 남들이 어떻게 하느냐보다 이런 흐름을 자신의 비즈니스에 실제로 어떻게 적용할 것이냐를 고민하죠. 이 점을 생각하면 뉴스레터의 내용이나 방향이 확실히 달라집니다. 그리고 이들에게 유용하다면 같은 업계의 실무자에게도 유용할 것이라 생각합니다. 그렇게 신뢰가 형성이 될 테고요. 이런 점에서 보면 제 뉴스레터는 빠르게 성장하는 모델이 아닙니다. 천천히 업계 전문가의 인정을 받으면서 성장하는 모델이죠. 속도는 느리지만 영향력은 의도했던 것보다 훨씬 더 커질 가능성이 있다고 봅니다.

+ 정기 연재를 오래 이어 갈 때는 글감을 선정하는 자신만의 기준이 있어야 할 것 같습니다. 글감은 어디서 어떻게 선정하시는지 궁금합니다. 혹시 뉴스레터를 하면서 글감이 소진된 적도 있나요? 글을 쓰는 일이 좋아서 뉴스레터를

하고 있지만, 이 일이 하기 싫어지는 순간이 오는지도 궁금합니다.

뉴스레터가 다루는 글감의 카테고리를 정하는 건 매우 중요합니다. 하지만 카테고리를 우선으로 주제를 따라가면 지속하기 어렵다고 생각합니다. 뉴스레터도 사업이므로, 이것을 왜 하는지를 집중해서 고민할 필요가 있어요. 제 경우 엔터엔터테인먼트 산업의 지형도가 급변하며 음악, 영화, 출판, 방송 등의 경계가 사라져서 혼란스러워진 산업 생태계를 진단하고 여러 가능성을 타진하는 역할을 하고 싶었습니다. 이때 생태계란 결국 사람이고, 종사자가 꾸리는 것이니, 달리 말하면 '업계 사람들에게 진짜로 도움이 되는 이야기'를 발행하려고 했어요.

그래서 '업계 사람들에게 도움이 되는 이야기'라는 카테고리로 묶일 수 있다면 어떤 이야기든 쓸 수 있다고 생각합니다. 조회 수가 나오지 않더라도, 별 반응이 없더라도 제가 생각할 때 지금 이런 주제에 관해 이야기하고 싶고 이야기해야 한다고 판단한다면 어떤 이야기든 씁니다.

또 하나, 글감은 정보의 양과 비례합니다. 그래서 저는 제가 접하는 정보의 양을 늘리고 질을 높이려 노력해요. 엔터테인먼트 분야의 국내 뉴스를 거의 모두 보고 있고 그중에서 IP, 계약, 인수 등과 같은, 실무와 관련이 깊은 키워드가 눈에 띄면 더 유심히 살펴봅니다.

해외의 뉴스레터나 미디어는 10개 이상 유료 구독을 하고 있고, 링크드인에서 해외 업계 전문가를 팔로우하거나 일본, 중국, 중동 등 지역에 특화된 뉴스레터와 미디어를 구독하기도 합니다. 매일 아침 2시간 정도 이러한 해외 뉴스를 보는 일을 루틴으로 만들었고, 틈틈이 메모를 하면서 제 생각을 정리해요. 이런 환경에서 쓸 이야기가 없어서 곤란했던 적은 없습니다. 오히려 써야 할 게 너무 많아서 곤란했던 적은 있어요. (웃음) 사실 늘 글감이 너무 많아서 문제입니다. 보고 듣는 것이 모두 글감이 되니까요. 콘텐츠를 만드는 사람들 혹은 콘텐츠 업계에서 일하는 사람들은 일상과 비일상이 구분되지 않습니다. 많은 사람들이 그렇듯 저도 대체로 일하기는 싫고

놀고만 싶어요.(웃음) 좋아하는 것을 일로 삼더라도
힘들지 않은 게 아니니까요. 하지만, 그냥 합니다.
일하기 싫은 마음을 어떻게 극복하냐는 질문을 받을 때
제 답은 늘 같아요. 그냥 합니다.

+ 광고 콘텐츠 제안이 들어오실 때면 어떻게 협상하시는지
궁금합니다. 지금 뉴스레터의 기조를 지키기 위해 어느
정도까지 타협하고 어느 정도는 고수하는지, 정해 놓은
가이드라인이 있나요?

광고성 콘텐츠는 수익의 중요한 부분이 될 수 있지만,
광고주와 독자의 니즈가 충돌하기 때문에 운영하는
입장에서는 부담이 되어 지양합니다. 게다가 보통
광고는 조회 수나 구독자 수 같은 숫자를 기반으로
비용이 책정되기 때문에 저처럼 유료로 발행하고
구독자 규모가 크지 않은 콘텐츠에는 광고를 안
하느니만 못하다고 생각합니다. 사실 제게 광고 제안이
그리 많이 들어오지는 않아요. (웃음)
어차피 제안도 별로 들어오지 않는데, 독자에게
반발심을 불러일으킬 수 있는 광고를 위험을 무릅쓰고

게재할 생각은 별로 없습니다. 이따금 광고 제안이 들어오면 콘텐츠로 재가공해서 발행하면 어떻겠냐고 제가 다시 제안합니다. 제가 뉴스레터를 발행하는 이유가 어쨌든 업계 종사자의 실무에 도움을 주고 싶기 때문이기도 하고 광고 대상을 콘텐츠로 재가공하는 과정에서 저도 배우는 게 있기 때문입니다.

+ 신규 구독자를 어떻게 모으시는지 궁금합니다. 요즘처럼 대놓고 하는 홍보가 반감을 사는 시기에 홍보할 채널이 마땅찮아 고민이 많습니다.

제게 뉴스레터는 콘텐츠의 본진, 베이스캠프고 소셜 미디어는 제 콘텐츠를 이곳저곳에 '뿌려 주는' 채널입니다. 깔대기 구조로 보다면 소셜 미디어 팔로워는 가장 상단에 뉴스레터 구독자는 하단에 위치합니다. 소셜 미디어 팔로워는 뉴스레터의 내용에 큰 관심이 없을 것이므로 키워드나 흥미 위주로 주의를 끌어야 합니다. 반면 뉴스레터 구독자들은 구독하는 내용이 마음에 들면 주변에 알립니다. 양쪽 모두 필요합니다.

소셜 미디어의 계정을 만들거나 운영하는 데에는 여러 방법이 있겠지만, 저는 개인 계정 위주로 운영하는 걸 추천합니다. 구독자들은 보통 '무엇'이 아니라 '누구'에게 끌립니다. 저는 이런 개인 브랜딩이 장기적으로 좋다고 생각하는데요, 내가 무엇을 하고 어디에 관심이 있는 사람인지 적극적으로 보여줄 때 그 다음 단계의 활동이 가능하다고 봅니다.

2020년 당시 저는 인스타그램보다는 페이스북을 중심으로 네트워크를 쌓았습니다. 주로 글을 쓰는 제 입장에서 더 친숙한 소셜 미디어였기 때문이지요. 정확히 기억나지는 않지만, 당시 제 페이스북 팔로어는 5천 명 정도였던 것 같습니다. 팔로워는 주로 업계 관계자가 많았기 때문에 뉴스레터를 시작할 때 페이스북을 통해 구독자를 모았어요. 뉴스레터를 발행하기 전에 조금이라도 많은 구독자를 모으고 싶어 뉴스레터 발행 소식을 먼저 알렸더니 100명 정도가 구독했던 것 같습니다.

소셜 미디어로 구독자를 모으는 데도 분명 한계가 있지만 꾸준히 자신을 노출하고 콘텐츠를 노출하면

효과가 있으리라 생각합니다. 그리고 단기적인 목표를
정하는 것도 좋습니다. 6개월 안에 구독자 100명
모으기, 3개월 안에 첫 결제가 이루어지도록 하기 등
구체적인 목표를 정하면 그 목표를 달성하기 위해
필요한 것들이 보일 겁니다.

+ 뉴스레터라는 베이스캠프를 중심으로 여러 방향으로
뻗어나가는 실험을 해 보셨다고 들었습니다. 어떤 경험을
하셨고 또 어떤 교훈을 얻으셨는지 궁금합니다. 그리고
뉴스레터라는 '처음부터 끝까지 내가 결정할 수 있는 나의
홈그라운드'가 있다는 것이 새로운 시도를 하는 데 있어서
어떻게 작용했는지도 궁금합니다.

이전에 스마트스토어를 여러모로 공부한 적이
있어요. 뉴스레터도 결국 디지털 사업이라는 생각
때문이었습니다. 어떤 내용을 누구에게 전달하면서
수익을 만드느냐도 중요하지만, 가장 기본적으로
이 비즈니스의 구조를 장악하는 것이 중요하다고
생각했기 때문입니다. 제게 뉴스레터는 디지털
콘텐츠를 소비자에게 직접 판매하는 사업입니다.

이것을 D2C(Direct To Customer) 구조라고 한다면, 한국에서는 스마트스토어가 바로 거기에 가장 부합하는 모델이었습니다. 그래서 스마트스토어가 어떤 구조로 작동하는지, 플랫폼 수수료는 얼마고, 지원되는 영역은 어디까지인지, 또한 입점함 셀러들은 어떤 방식으로 자신의 스마트스토어를 홍보하는지, 단골을 만드는지, 무엇을 파는지, 소셜 미디어는 어떻게 운영하는지 등등을 공부했습니다. 그 과정에서 배운 것도 많은데요, 그중 하나가 바로 상품 소개를 어떻게 하느냐에 따라 구매율이 달라진다는 점이었어요. 소위 '상세 페이지' 전략입니다. 이 상세 페이지는 단순히 상품을 예쁘게 보여 주는 데 그치지 않고 이 제품이 어떤 맥락에서 누구에게 소비될 수 있는지를 자세히 소개합니다. 일종의 콘텐츠 마케팅이나 스토리텔링 광고에 가깝죠. 이걸 뉴스레터에 적용하면, 뉴스레터 내용 자체가 상세 페이지의 역할을 한다고 볼 수 있었습니다. 그러므로 뉴스레터에 담긴 콘텐츠 구조를 고민해야 했죠. 이야기를 어떻게 시작해서, 어떤 과정으로

발전시키는지, 결론은 어떻게 맺어야 하는지 등이 바로
그것입니다. 이 구조는 매력적인 글쓰기의 과정이기도
합니다. 다시 말해 글을 쓰는 사람들에게는 너무나
익숙하고 자연스러운 글쓰기 전략이 다른 영역에서는
콘텐츠 마케팅이니 스토리텔링 광고니 하는 용어로
재정의되고 있는 셈이죠. 그래서 저는 이것저것을
새롭게 배우는 것을 그만두고 그냥 글쓰기에
집중하기로 마음먹었습니다. 남들에게 새로운 것들이
사실 제가 원래 알고 있던 것이라는 걸 깨달았으니까요.

+ 텍스트도 음악처럼 '한번 만들어 놓으면 스스로 움직이며
수익을 창출하는 것'이 가능할까요? 스토리 IP로 확장해서
미디어믹스를 생각하는 것 이전에 텍스트 그 자체로도
지속 가능한 수익을 창출할 수 있을지 궁금합니다.
뉴스레터 구독은 팬심이나 충성심 혹은 미래에 대한 투자
같은 맥락에서 자꾸 상상하게 되는데요. 그게 아니라
언제든 돈을 주고 읽을 만한 글, 시간이 흘러도 유효한
텍스트 콘텐츠를 뉴스레터로도 구현하는 게 가능할지
궁급합니다.

20세기에 음악은 제조업이었습니다. 바이닐이나 CD, 카세트테이프를 만들어 파는 비즈니스였죠. 하지만 디지털로 전환되면서 음악은 더 널리 퍼져, 더 넓은 시장에서 유통되기 시작했지만 실물 제품은 수익을 내지 못하게 되었습니다. 제작비는 크게 달라지지 않았는데 소비자 가격은 급락했고 수익성은 제로에 가까워졌죠. 2000년 이후 지금까지 음악 산업은 이 문제를 해결하는 데 몰두했지만 지금도 딱히 이렇다 할 대안을 찾지 못한 것 같습니다. 스트리밍으로 그 수익을 대신한다 보기에 너무 미미하지요. 음악 자체로 돈을 번다기보다 음악으로 유명해져서 영향력을 확장하고 그 영향력을 기반으로 공연을 하거나 광고를 하거나 다른 사업 모델을 구축해 수익을 창출하는 것이 요즘의 추세입니다.

음악이 디지털로 전환되면서 음악 업계가 여러 실험을 거듭한 것과 달리, 책은 여전히 제조업 기반의 비즈니스입니다. 책을 만들어서 판매해 수익을 창출하니까요. 하지만 책의 판매량은 줄어들고 있고 수익성 역시 자연스레 낮아지고 있습니다. 전자책은 특정 플랫폼에 묶여 사실상 독점 콘텐츠로 볼 수 있고요. 음악이 다수의 플랫폼에 동시 유통되면서 음악가들이 저작권 기반의 수익을 얻을 수 있는 반면 출판은 여전히 실물 책의 판매량에 묶여 있으니 저작권자의 수익성 자체가 달라질 수밖에 없습니다. 한편 텍스트 IP를 기반으로 확장할 수 있는 사업은 여전히 이야기에 국한됩니다. 소설이나 희곡 같은 이야기 기반 콘텐츠가 그나마 영상화될 수 있지만 정보성 콘텐츠는 확장 가능성이 낮습니다. 다만 저는 정보성 콘텐츠 자체보다는 정보성 콘텐츠의 구독 모델이 비교적 사업화가 가능하다고 생각해서, 유료 뉴스레터 발행을 시작한 것이고요.

모든 사업은 마진율을 높이려 하죠. 원가율을 줄이거나 유통 비용을 줄이거나 소비자가를 높이는 등의 방식으로요. 그런데 음악이나 출판, 영상 산업은 지금의 구조가 아주 오랜 시간 이어져 온 산업입니다. 그래서 단번에 바꾸기 쉽지 않고요. 하지만 텍스트의 유통 구조가 바뀌면 이전과 다른 사업성이 생길 수도 있다고 생각합니다. 지금의 독점적인 그리고 고정적인

> 유통 구조에서 조금 더 유연한 유통 구조를 만든다면 텍스트 그 자체로도 지속 가능한 수익을 창출할 수 있다고 생각해요.

나오는 말
우리 계속 연락하자! Let's keep in touch!

생각해 보면 사실 트위터도, 페이스북도, 인스타그램도 모두 글로벌 플랫폼이다. 그런데 이 글로벌 플랫폼을 이용하면서 한 번도 외국인과 소통할 생각을 하지 못했다. 2022년은 마침 해외 출장이 잦은 해였는데, 출장에서 만난 국내외의 음악 업계 종사자나 기자, 평론가 대부분이 명함 대신 링크드인과 인스타그램 링크를 공유하는 게 아닌가. 그 모습을 보고 나 역시 링크드인을 제대로 활용해 봐야겠다고 생각했다. 링크드인을 적극적으로 활용해 보려고 마음먹고 글을 쓰려는데, 문득 그런 의문이 들었다. "굳이 링크드인에서 한국어로 글을 써야 할까?" 내가 링크드인에서 내 글을 보기를 원하는 사람은 한국어 사용자뿐만이 아니었다. 한국어 사용자는 링크드인이 아닌 다른 곳에서도 충분히 만날 수 있었으니까. 이

곳에서 나는 한국어를 사용하지 않는 사람들과도 연결되고 싶었다.

2022년 9월, 나는 링크드인에 '내가 링크드인에 영어로 글을 쓰는 이유'Why I write in English on LinkedIn이라는 제목의 글을 올렸다.

> 저는 한국에서 음악평론가로 20년 넘게 글을 써 왔습니다. 또한 한국의 가장 큰 포털 사이트 네이버에서 서비스 기획자로 근무했고, 한국에서 가장 영향력 있는 영화잡지 『씨네21』에서 기자로도 일했습니다. 여러 콘텐츠 스타트업에서 일하며 숏폼 콘텐츠, BTS 캐릭터를 중심으로 만든 게임 콘텐츠 그리고 케이팝 팬덤을 분석하는 콘텐츠를 제작하기도 했어요. 팝 음악과 라이프스타일에 관한 책을 여러 권 집필했고, 대학에서 강의도 했습니다. 저의 주 분야는 엔터테인먼트산업 분석, 팬덤 비즈니스 이론, IP 비즈니스 그리고 크리에이터 경제입니다. 기술과 콘텐츠가 결합된 21세기에 적합한 영역이죠.

작년 말부터 저는 본격적으로 링크드인에 글을 쓰기 시작했습니다. 그리고 쉽지는 않지만, 제 모국어가 아닌 영어로 쓰려고 노력하고 있습니다. 그 이유는……
첫째, 저는 제 커리어와 관점이 한국뿐 아니라 해외에서도 유효한, 독보적인 것이라고 생각합니다. 그래서 제 생각을 영어로 발표하면 어떤 일이 일어날지 궁금해요. 저는 IT 기업, 미디어 회사, 콘텐츠 스타트업 그리고 프리랜서 칼럼니스트이자 음악평론가로 일하면서 한국 엔터테인먼트 산업에 대해 매우 독특하면서도 현실적인 시각을 갖게 되었습니다. 저는 한국에서 아주 인기 있는 베스트셀러 작가는 아니지만, 카카오나 네이버뿐 아니라 SM엔터테인먼트, 하이브엔터테인먼트 같은 한국 콘텐츠 업계를 지탱하는 주요 기업 경영진이 비즈니스에 관한 조언을 구할 때 종종 저를 찾습니다. 저 역시 이들과 대화하며 많은 것을 배우고요. 한국의 엔터테인먼트 산업에 관해 궁금해하는 한국 밖의 사람들에게 이들과 함께 일하고 대화하며 얻은 제 나름의 통찰을 나누고 싶었습니다. 그러려면 영어로 글을 써야 한다는 결론에 닿는 것은 아주 자연스럽죠.

둘째, 케이팝을 비롯한 한국 영화나 드라마 같은 K-콘텐츠가 전 세계적인 관심을 받고 있습니다. 이 과정에서 미국, 영국, 일본 등 해외에 있는 '한국 외부의 한국 전문가'가 한국 엔터테인먼트 산업에 대해 이야기하는 모습을 보았습니다. 어떤 이야기는 매우 신선했지만 어떤 이야기는 매우 진부했지요. 한국 엔터테인먼트 콘텐츠에 대한 전 세계의 관심이 지금이 정점일까요? 저는 그렇지 않다고 생각합니다. 앞으로도 한국 엔터테인먼트와 라이프스타일에 대한 관심은 오랫동안 이어질 것이라고 생각해요. 할리우드 같은 세계 각지의 콘텐츠 제작 현장에서 한국 콘텐츠를 향한 러브콜은 점점 더 늘어날 가능성이 큽니다. 한국 콘텐츠는 OTT 서비스가 진출한 지역을 중심으로 전 세계에서 높은 점유율을 차지할 것입니다. 여기에는 드라마, 영화, 음악뿐 아니라 다큐멘터리, 인터뷰, 칼럼도 포함될 테고요. 한국뿐 아니라 아시아 시장이 함께 성장하고 있다는 점 역시 중요합니다.

그래서 저는 결심했습니다. 제가 오랫동안 해 오던 일을 영어로 해야겠다고요. 이제 영어로 글을 쓰는 것이 예전만큼 어렵지 않으니까요.

링크드인은 커리어를 기반으로 글로벌 네트워크를 만들어 주는 소셜미디어이자 플랫폼입니다. 주목해야 할 점은 링크드인이 단순히 국내 구직자를 국내 기업에 소개하는 데 그치지 않는다는 것입니다. 링크드인을 통하면 전 세계 전문가와 예전과는 전혀 다른 방식으로 연결될 수 있습니다. 물론 쉽지는 않지만, 시간과 노력을 들일 가치가 있습니다.

링크드인은 제게 도구입니다. 단순히 생각을 정리하고 글을 쓰는 것을 돕는 도구일 뿐만 아니라 그 결과물인 '콘텐츠'를 통해 새로운 사람들과 관계를 맺게 해 주는 도구입니다. 이력서나 포트폴리오 역할 역시 수행하고요.

저는 더 많은 사람들에게 제가 누구인지, 무엇에 관심이 있는지, 세상을 어떤 관점에서 보는지, 특히

> 콘텐츠 크리에이터와 비즈니스의 연결을 어떻게 이해하는지 알리고 싶습니다.
> 제게는 이것이 일종의 실험입니다. 앞으로 몇 년은 이 실험을 계속할 생각이고요. 이 실험이 저를 또 다른 곳으로 이끌어 주리라 생각합니다. 아주 흥미로운 어떤 곳으로요.

그리고 3년 동안 꽤 열심히 링크드인 계정을 운영했다. 프로필을 다듬고, 링크드인의 새 기능인 뉴스레터도 적극 활용했다. 여러 나라의 음악, 엔터테인먼트, AI 산업 최전방에 있는 사람들과 친구를 맺고 메시지와 댓글로 의견을 주고받았다. 그러는 동안 미국, 영국, 인도, 대만, 프랑스, 독일 같은 나라의 20대 젊은이들과도 연결되어 서울, 파리, LA, 뉴욕 같은 도시에서 그들을 직접 만나기도 했다. 그리고 『블룸버그』 『뉴욕 타임스』 『르 몽드』를 비롯해 중동이나 헝가리 같은 다양한 국가의 미디어와 인터뷰할 기회도 얻었다. 꽤 많은 미국 엔터테인먼트 업계의 베테랑이나 전문가도 알게 되었다. 본격적으로 링크드인을 사용한 지 3년 만인 2025년 7월, 링크드인의 팔로워가 5800명을 넘고 영어 뉴스레터 구독자는 2500명을 넘었다. 이 팔로워의 3분의 2가 외국인이었다. 이들과 연결되며 내가 하는 일뿐 아니라 다른 이슈를 바라보는 나만의 관점을 정립하는 데 큰 도움을 받았다.

많은 사람이 쉽게 글로벌을 말하지만, 정작 직접 글로벌 경험(?)을 쌓는 데에는 소극적인 것 같다. 솔직히 나는 영어를 거의 못하지만 AI 번역기의 도움으로 링크드인에서 영어로 거리낌없이 대화한다. 그들 모두 내가 영어가 무척 유창하거나 모국어라고 오해할 정도다. 직접 만나면 몸짓으로 대화하지만. 그러면서 깨달았다. 언어는 도구일 뿐이다. 중요한 건 관점이다. 태도다. 자기만의 생각, 오리지널 아이디어다. 도구는 너무 빨리 발전하고 있다. 이제 AI에 창의력이 있냐 없냐를 논의하던 때는 지났다. 오히려 'AI를 어떻게 사용할 것인가'라는 질문이 더 중요해졌다. 타자기처럼, 인터넷처럼, 스마트폰처럼 혹은 커터 칼이나 전기처럼 AI도 자연스러운 도구로 자리 잡을 것이다. 덕분에 우리는 경계 없이 흘러streaming 다닐 수 있다. 네트워크에서 음악이나 영상만 흐르는 게 아니라 우리 존재도 흐른다. 이런 맥락에서 생각하면 글로벌에 대한 여러 고민은 의외로 쉽게 해결된다. 그냥 늘 사용할 수 있는 서비스를 잘 이용하면 된다. 인스타그램과 링크드인은 자체 번역 서비스를 제공한다. 그것만으로도 인도, 일본, 독일 친구와 대화할 수 있다. 그들과 직접 만나지 않더라도 관심사를 공유하고 생각을 토론하고 관점을 나눌 수 있다. 서로 배우며 성장할 수 있다.

뉴스레터를 발행한 지난 5년간 세상이 정말 많이 변했다. 그만큼 내가 가닿는 세계도 달라졌다. 훨씬 넓어졌다. 이 경험이 정말 중요하다고 생각한다. 말 그대로 국경 없는 플랫폼 환경에서 콘텐츠는 경계 없이 흘러 다닌다. 덕분에 나 역시 경험과 감각을 확장하는 데 거리낌이 없어졌다.

그래서인지 링크드인은 내게 좀 특별한 플랫폼이다. 일종의 실험실 같기도 하다. 내가 나를 통해 뭔가를 검증하고 배우는 실험실. 적어도 3년은 이 실험을 계속할 것이다. 영어로도 유료 콘텐츠를 발행하고 싶다. 이미 발 빠른 사람들은 아마존에서 전자책으로 콘텐츠를 발행해 달러를 벌면서 자기만의 사업을 해 나가고 있다. 무조건 그래야 하고, 그게 정답이라는 건 아니지만, 적어도 자기만의 관점을 가지고 남다른 비전을 꿈꾸는 사람에게는 용기와 가능성을 주는 것 같다.

이런 경험과 교훈을 얻은 나는 만나는 사람마다 링크드인을 쓰라고 적극적으로 홍보한다. 어떤 사람은 처음 진입하자마자 기다렸다는 듯이 뚝딱뚝딱 잘 활용하겠지만, 또 어떤 사람은 어디서부터 어떻게 해야 할지 막막한 채로 시간만 보낼 수도 있을 것이다. 제일 중요한 건 시간을 들여서 생각을 다듬고, 자기만의 노하우를 찾는 것이다.

지난 3년간 내가 링크드인에서 가장 많이 반복한 말은 "우리 계속 연락하자!"Let's keep in touch!였다. 나는 이 말이 마법 같다고 생각한다. 이 말을 하고 나면 정말로 계속 연락하게 되었으니까. 이어지고 연결되었으니까. 그러면 무슨 일이든 벌어졌다. 생각지도 못했던 곳을 꿈꿀 수 있었다. 자신의 창작물을 더 넓은 세상에 선보이고 싶고 더 많은 사람들과 연결되어 보고 싶은 창작자라면 이 경험을 반드시 해 보면 좋겠다. 이 경험을 해 본 사람과 해 보지 않은 사람의 시야는 다를 수밖에 없으니까.

나는 여전히 나와 연결될 또 다른 누군가를 기다린다. 그러니 나와 연결되고 싶은 사람은 언제든 내 링크드인으로 DM을 보내 주길. 링크드인에서 'Woojin Cha'를 검색하면 된다. 단번에 못 찾겠으면 케이팝을 함께 검색하길. 내 지난 5년의 경험이 여러분에게 어떤 식으로든 도움이 되길 바랄 뿐이다.

우리 계속 연락합시다. Let's keep in touch!

관점을 파는 일
: 콘텐츠로 먹고사는 이들을 위한 지속 가능한 뉴스레터 탐구

2025년 11월 4일   초판 1쇄 발행

지은이
차우진

펴낸이	**펴낸곳**	**등록**	
조성웅	도서출판 유유	제406-2010-000032호(2010년 4월 2일)	
	주소		
	경기도 파주시 돌곶이길 180-38, 2층(우편번호 10881)		

전화	**팩스**	**홈페이지**	**전자우편**
031-946-6869	0303-3444-4645	uupress.co.kr	uupress@gmail.com
	페이스북	**트위터**	**인스타그램**
	facebook.com/uupress	twitter.com/uu_press	instagram.com/uupress

편집	**디자인**	**조판**	**마케팅**
인수, 류현영	이기준	정은정	전민영

제작	**인쇄**	**제책**	**물류**
제이오	(주)민언프린텍	라정문화사	책과일터

ISBN 979-11-6770-138-1 03320